数据素养
DATA LITERACY

[美] 彼得·艾肯（Peter Aiken） 著
托德·哈伯（Todd Harbour）

上海市静安区国际数据管理协会 译

人民邮电出版社
北京

图书在版编目（CIP）数据

数据素养 /（美）彼得·艾肯（Peter Aiken），
（美）托德·哈伯（Todd Harbour）著；上海市静安区国
际数据管理协会译. -- 北京：人民邮电出版社，
2023.12
 ISBN 978-7-115-62918-0

Ⅰ. ①数… Ⅱ. ①彼… ②托… ③上… Ⅲ. ①信息素
养 Ⅳ. ①G254.97

中国国家版本馆CIP数据核字(2023)第193693号

版 权 声 明

Data Literacy　ISBN: 9781634629584
Copyright © 2021 by Peter Aiken, Todd Harbour
Simplified Chinese translation copyright © 2023 by Posts and Telecommunications Press
Published by arrangement with DAMA and Technics Publications. ALL RIGHTS RESERVED
本书中文简体版由 DAMA 联合 Technics Publications 授权人民邮电出版社出版。未经出版者书
面许可，对本书的任何部分不得以任何方式或任何手段复制和传播。
版权所有，侵权必究。

◆ 著　　[美]彼得·艾肯（Peter Aiken）
　　　　[美]托德·哈伯（Todd Harbour）
　译　　上海市静安区国际数据管理协会
　责任编辑　胡俊英
　责任印制　王　郁　　焦志炜
◆ 人民邮电出版社出版发行　北京市丰台区成寿寺路 11 号
　邮编　100164　电子邮件　315@ptpress.com.cn
　网址　https://www.ptpress.com.cn
　涿州市京南印刷厂印刷
◆ 开本：720×960　1/16
　印张：13.4
　字数：193 千字　　　　　2023 年 12 月第 1 版
　　　　　　　　　　　　　2023 年 12 月河北第 1 次印刷
　著作权合同登记号　图字：01-2023-2454 号

定价：79.80 元
读者服务热线：(010)81055410　印装质量热线：(010)81055316
反盗版热线：(010)81055315
广告经营许可证：京东市监广登字 20170147 号

内容提要

本书旨在帮助读者进一步理解数据在社会中的角色和作用，并帮助个人和组织提高他们的数据素养。

本书分为三大部分。第一部分首先讲解什么是数据和数据素养，随后概述大众数据素养的现状，表达了对于数据素养缺失的担忧，并给出提高大众数据素养的具体需求内容。第二部分介绍一个数字公民框架，针对移动数据传播者、成人数据传播者、知识工作者、数据教师和数据专家分别给出具体的数据知识。第三部分介绍如何培养具备数据素养的组织，并给出提升组织数据素养的十二步法。

本书适合所有与数据打交道的读者阅读，尤其是那些希望提升个人或组织的数据素养的读者，包括普通的个人、数据管理者、组织管理者、数据科学家等。

推荐辞

"素养"远不只是读和写的能力,还包含获得和掌握知识的能力,它奠定了我们掌握知识和把握机会的基础。本书可以帮助数据传播者从"爬行"的初学者转变为"步行"的知识工作者,再转变为"奔跑"的数据专家。本书作者非常有远见卓识,他们通过本书告诉我们:数据是"土壤",而不是"石油"!

——迈克尔·莱希(Michael Leahy)
美国马里兰州技术部长

"数据"这个词如今在人们脑海中的形象肯定和 20 年前不一样。这是可以理解的,因为数据变得不同了。对于数据如何成为一个全人类的热点话题,以及组织和个人需要为数据做什么,本书进行了全面的探讨。现如今,数据已经进入了社会的各个方面。本书提供对各种形式的数据的处理方法和注意事项。

——约翰·拉德利(John Ladley)
《数据治理:如何设计、开展和保持有效的数据治理计划》作者

对任何事情做出好的决定都需要好的数据支撑。在不断发展的技术、商业、政策和日常生活中,数据都起到了关键作用。本书可以帮助读者更好地了解数据的价值。

——苏泽特·肯特(Suzette Kent)
肯特咨询服务公司首席执行官、美国联邦政府前首席信息官

这是一本用通俗易懂的方法来解释"数据素养"的书。"数据素养"是一个由数据专业人员、企业高管、首席数据官、业务分析师、学者和顾问们定义和探讨

的概念。本书为"数据素养"这个概念提供现实世界的背景和相关的示例,以帮助人们识别不良的数据行为,并培养良好的数据素养。本书提出了明确和可操作的方法,通过分层级的课程和分阶段的组织行动来提高人们对数据的敏锐度。本书是企业管理者和负责数据管理计划的人们的必读书目。我也强烈建议所有成年人,尤其是家长,阅读本书。

——玛丽亚·沃尔赫(Maria Vorheh)

毕马威董事、美联储首席信息官顾问、前FBI首席数据官

本书详细讨论了数据素养对每个人的重要影响,并提供通过提高数据素养来最大化实现数据价值的实际方法。

——凯瑟琳·克莱·多斯(Catheryn Clay Doss)

里士满联邦储备银行首席数据官、Capital One前首席数据官

推荐序

我们正生活在人类历史上伟大的信息革命之中,这次革命甚至比印刷机的出现还要伟大。

据估计,每天有超过 3 000 亿封电子邮件被发送,谷歌每 24 小时处理 60 亿个请求,YouTube 上的所有用户每分钟总计观看 4 333 560 个视频……每天总共会生成大约 2.5 EB 数据。1 EB 相当于美国国会图书馆内容的 3 000 倍。难怪一些数据科学家推测,世界历史上 90% 的数据都是在过去两年里产生的。

不仅如此,数据正在呈指数级增长。如今,全世界有 50 亿人拥有强大的信息引擎——手机。每次滑动、搜索、输入、点击、发送、点赞和购买都会创建数据。你在手机或计算机上做的所有事情,都在创造数据和信息,甚至我们还没有考虑物联网!到目前为止,每个拥有智能手机的人都能比历史上的任何人获得更多的信息。

然而,最近的一项对美国大众的调查显示,人们对科学和事实的信任比计算机和互联网出现之前更低。4 300 万美国人的数据素养较低,840 万美国人被归类为"功能性文盲"。在过去的十年里,美国各地人口的平均阅读水平都有所下降。面对一场全球性的疫情,有数百万美国人似乎不理解或不相信科学的基本原则。在过去的十年里,虚假信息越来越多。尽管数据量在增长,本书仍然非常具有启发性地写道:数据素养似乎已经停滞不前。当下,我们可以即刻获得比历史上任何时候都更多的数据、更多的事实、更多的信息、更多的知识,但数以百万计的人却依赖于直觉或迷信。

我们先来思考一个基本的问题:什么是数据?

数据是数字经济中使用的信息单元。在科学中,数据是一堆事实,但在数字世界中,数据却可能是真的也可能是假的。正如本书中指出的那样,数据是独特的（价值不会衰减），不会消耗的（用不完的），不可降解的（它永远可以被使用），可再生的（它可以被反复使用），其成本随着使用而降低。就像石油是工业时代的基础一样，数据是数字时代的基础。

然而人们害怕数据。一项研究表明，相比线上付款，大多数美国人更愿意支付纸质账单。21世纪以来，数据可以而且应当使人们能够对自己生活的方方面面做出更好、更明智的决定。数据应当能够提高个人和组织的生产力和竞争力。数据应当能够让所有人都成为更好的公民。缺乏数据素养使我们容易受到操纵、误导，以及被虚假信息影响，这对我们的社会是一种威胁。作为21世纪的人，我们应该具有数据素养。

数据为平台公司创造了数十亿美元的收入。你的数据的每一个细节都有价值，这让那些拥有你的数据的平台公司变得富有。在线平台和供应商收集关于你的所有信息，并用来服务于各种目的：优化使用体验（让你保持在线）；投放个性化广告（卖给你东西）；授权给第三方（卖给你更多的东西）；预测你和他人的行为。对他们来说，再小的数据也是有价值的。你花费在网上或手机上的每一秒，都会为某个人提供数据，而这个人正在用你的数据赚钱。肖莎娜·祖博夫（Shoshana Zuboff）写道："我们生活在监视资本主义（surveillance capitalism）的时代。"

然而问题是，许多人并没有意识到这一点。数以百万计的人们用安全和隐私来换取便利。这是一个危险的交易。这使得我们被操纵、欺骗和盗窃。"数据文盲"（data illiteracy）的存在为黑客和勒索软件敞开了大门。

那你能做些什么呢？首先，要保持警惕。不要轻易信任他人，要自己去验证。请谨慎授权别人来访问你的数据。对任何要求提供信息的请求都要表示怀疑。不要允许应用程序随时访问你的位置、图片和联系人，而是只在有需要的情况下才允许。为什么要让餐厅应用程序使用你的摄像头呢？你真的不应该让任何人完全接触到你的联系人。不要打开来自你不认识的人的短信。你在网上说的或者做的一切几乎都会永远存在，所以在你发出帖子和动态前请三思。

拥有数据素养不仅仅是为了保护你的隐私和安全，它还关系到组织和社会的运转。不要泄露你自己的信息和关于组织的信息。不要被造谣者愚弄。利用数据来做出更好的选择，这些选择应当既符合你的利益，又符合组织和全社会的利益。

数据是中性的，所有人都可以使用它，所以请明智地使用它，不要滥用它。

理查德·斯坦格尔（Richard Stengel）
时代杂志编辑、
微软全国广播公司（MSNBC）直播分析师、
负责公共外交和公共事务的美国前副国务卿、
《信息战争》（*Information Wars*）和《曼德拉之路》（*Mandela's Way*）的作者

中文版作者序

数据是数字时代的基础，无论对于个人，还是对于企业，甚至对于社会，缺乏基本的数据素养会给数字化进程带来相当大的困难。

我曾多次到访中国，看到了中国数字经济的蓬勃发展。希望本书能帮助大家更好地理解并使用数据——那些属于每个人自己的数据，以及其他人提供给我们的数据。

我非常感谢上海市静安区国际数据管理协会和本书的翻译团队，以及人民邮电出版社为本书的出版所付出的努力。这也是大家为提高全社会的数据素养所做的共同努力。

彼得·艾肯

2023 年 10 月

致　　谢

我们将本书献给信息工程之父——克莱夫·芬克尔斯坦（Clive Finkelstein，1939—2021）。我们很感激他无数小时的慷慨指导。本书是对他的整体愿景的一个小小的贡献。

如果没有各方的帮助，我们不可能写出本书。我们从分享中受益，感谢所有为本书的出版作出贡献的人。下面是一些我们想特别感谢的人，本书建立在他们的工作之上。

- 我们的老朋友、编辑和合作者胡安妮塔·比林斯（Juanita Billings）。
- 里士满联邦储备银行首席数据官凯瑟琳·克莱·多斯（Catheryn Clay Doss）。
- 加拿大国际计划公司数据治理部的米歇琳·圣·克莱尔（Micheline St Clair）。
- 我们的同事克里斯·布拉德利（Chris Bradley），本书引用了他的研究成果，他在这一领域的工作鼓舞人心。谢谢克里斯允许我们使用这些内容。
- 我们的同事约翰·拉德利（John Ladley），他为本书提供审核和贡献。

我们也感谢以下基础研究工作。本书的写作建立在这些坚实的基础和卓越的成就之上。

- Qlik Tech 和埃森哲（Accenture）共同开展的数据素养项目（Data Literacy Project）。
- 《数据新闻手册 2》（*The Data Journalism Handbook 2*）。
- 2015 年的《数据素养教育的战略和最佳实践：知识综合报告》（"Strategies and Best Practices for Data Literacy Education: Knowledge Synthesis Report"）。

- 2013年哈维尔·卡尔萨达·普拉多（Javier Calzada Prado）和米格尔·安赫尔·马扎尔（Miguel Ángel Marzal）发表的文章《将数据素养纳入信息素养计划：核心能力和内容》（"Incorporating Data Literacy into Information Literacy Programs: Core Competencies and Contents"）。

彼得·艾肯：

谨以本书献给我的父亲。他为我提供了基本的工程和架构概念，这是我完成所有工作所必需的。我很想你，爸爸！（Benjamin Haynes Aiken，1932—2020）

托德·哈伯：

我要感谢我的妻子，罗克珊（Roxanne）。她对本书的贡献远远超出了这本书本身，而是融入了我的生活之中。她是我的支持，是我的核心，也是我的灵魂。她是我追求完美的动力。

前　言

数据小知识#1

任何移动电话、短信、自拍、电子邮件、文件交换或社交媒体上的点赞（小到 1 个字节）都是数据请求，你的回复（或没有回复）也都将被记录为数据。

我们相信，所有在当今互联网普及的世界中工作的人都希望拥有足够的数据素养，但在这方面几乎没有可参考的资源。学习和掌握本书的内容，可能是提升你个人和组织的数据素养的关键一步。

本书的目标读者有三类，彼此之间还会有些重叠：

- 个人阅读，学习如何更好地管理自己的数据；
- 个人阅读，了解应该为组织做些什么来提高组织的数据素养；
- 数据专家，了解他们能做些什么来推进专业研究和社会发展。

我们必须采取更多措施来缩小"数据文盲"和人们所需的数据素养之间日益扩大的差距。我们需要提高人们的数据素养，无论是在科学、经济、司法、社会、调查研究还是在其他任何领域。

缺乏数据素养是对人们的直接威胁。不理解数据和缺乏数据意识是许多人和组织未能取得成功的根本原因，数据素养是还不为大多数人所知的取得成功的一项必需技能。那些"数据文盲"仍然是"永久的无意识的数据捐赠者"（Perpetual Involuntary Data Donors，PIDD）。PIDD 不知道，他们是日益强大的利益的产物，这些利益专注于将物品、服务、思想、自然、私人数据和人转化为商品或者贸易对象——这都是为了获得利润，而且在很大程度上没有足够的规范或监管。

这些都是被有心人设计好的，就像肖莎娜·祖博夫（Shoshanna Zuboff）的《监视资本主义时代：在权力的新前沿为人类的未来而奋斗》（*The Age of Surveillance Capitalism: The Fight for a Human Future at the New Frontier of Power*）一书中写的一样。"监视资本主义"指的是一类从 PIDD 身上收集数据来增长自身业务的组织。随着人们逐渐意识到这类组织的目的是销售更多更有效的广告，人们对其的愤怒应该会持续增强。最后，我们不应忘记，广告的目标是影响人们的行为，甚至是控制人们的行为。这些控制 PIDD 的方法已经使用了至少十年，导致了大量不良行为，包括发布有针对性的虚假信息，并最终影响人们的重要决策。

监视资本主义的商业模式需要 PIDD 一直是受害者并放弃自己的数据，这样这些 PIDD 就可以成为广告营销的目标，以及成为更糟糕的通过数据来被控制的目标。这些数据收集行为和收集者结合在一起，是"一种分布式的、很大程度上没有争议的新权力的表现，它们构成提取信息、商品化和控制大众的隐藏机制，威胁大众的个人隐私等核心利益。"

监视资本主义的目标是控制人口细分群体，这是通过指导客户的数据输入以产生期望的输出来实现的。这种商业模式限制 PIDD 的选择，向他们提供虚假信息、垃圾新闻和错误的产品信息来误导他们，使得他们被迫放弃自主选择权。

消灭"数据文盲"的必要性很强且在日益增长——消灭"数据文盲"不仅是为了数据专家，也是为了所有公民。本书将提供一个客观的方法来提高个人数据素养和组织数据素养。如果有足够多的个人和组织提高了数据素养，所有人都将受益。

本书分为 3 部分。第一部分概述为什么要更深入地了解数据。第一部分首先介绍关于数据素养的基础知识，这些知识目前在教科书或培训中几乎没有涉及。我们希望青少年和成年人可以利用这些知识来避免成为 PIDD，避免在不知情的情况下成为监视资本主义的傀儡。当公民具有更多的数据素养时，现代生活中的摩擦就会更少。本部分还阐述了在当下这一前所未有的数据增长时期，同时增加各维度的数据，但是不提高数据素养所带来的挑战。我们认为，目前的数据教育方法是无效的，对人们造成的破坏性后果越来越大。接下来，本部分提供一个小型业务场景来说明如何提高组织和个人的数据素养，并重点关注知识工作者的具体特征。

第二部分提供在 21 世纪数字经济中保护自己和私人信息的工具。这种结构化地提高数据素养的方法是以数字公民框架（Digital Civics Framework，DCF）的形式呈现的。DCF 说明了数据素养的规模和范围，并整理了必要的数据知识领域（Citizen Data Knowledge Area，CDKA）。DCF 为五类数据参与者分别提供了他们各自的数据特征、能力、共性和 CDKA。本部分描述了 30 个 CDKA 的数据素养需求，以及它们应如何协同工作以实现有意义的结果。本部分还为个人和组织提供了如何掌握这些 CDKA 的建议，从而提高他们的生产力，并使他们能够向他人传授这些原则。

第三部分以 DCF 为基础，更深入、具体地阐述组织如何通过程序化方法来提高其数据素养。本部分首先介绍一个提升组织数据素养的"十二步法"，以及由此产生的组织中的数据管理程序。接着，本部分介绍数据指南（第 2 版），详细说明在组织层面开展数据管理所需的具体、客观的标准。最后，我们特别展示了个人和组织在提高数据素养的过程中会面临的挑战，以及战胜这些挑战将能够如何推动社会进步，以激励人们走向一个拥有高数据素养的社会。

由于持续的数字化运动，人们需要详细了解他们基于 DCF 的权利和责任。如果大众的数据素养水平停滞不前，无道德的组织将继续吸收数十亿毫无防备的公民在不知不觉中"捐赠"的数据，而这些公民却不知道，提供个人数据使他们更容易受到数据的控制和影响。

我们应该认识到数据的重要性！否则社会将继续受到损害。我们仍然保持乐观，并不断思考各种方法来提高人们的数据素养，以便更好地处理危机，培养更有数据意识的未来一代。我们也意识到乔治·博克斯（George Box）这句著名格言的准确性：

所有的模型都不能保证完全正确，但其中一些是有用的！

我们希望 DCF 和进一步细化的数据素养是有用的！

彼得·艾肯和托德·哈伯
2021 年秋

作译者简介

彼得·艾肯（Peter Aiken）是公认的数据管理（Data Management）权威。作为一名执业数据经理、顾问、作家和研究员，他三十多年来一直积极从事和研究数据管理。他的专业知识受到了世界上一些重要组织的青睐，他的成就也得到了国际认可。他曾在27个国家和地区的150多个组织担任过领导职务，这些组织涉及众多行业，包括银行、医疗、保健、电信和制造。他是Data Blueprint的创始董事，该公司是一家咨询公司，帮助组织利用数据获得竞争优势和运营效率。他还是弗吉尼亚联邦大学副教授、国际数据管理协会（Data Management International）主席，以及麻省理工学院国际首席数据官协会（MIT International Society of Chief Data Officers）副主任。

托德·哈伯（Todd Harbour）是美国纽约州的首席数据官（Chief Data Officer，CDO），负责协调数据管理制度的设计和实施。他的工作包括制定数据治理的战略、框架和路线图，定义统一的信息架构，掌握数据，协调数据共享，以及开展全州范围的数据分析实践。在此之前，他在美国华盛顿哥伦比亚特区大都会区担任联邦政府高级官员，领导了数据战略、业务框架和数据管理平台的建立工作。他曾担任一家软件和系统工程公司FGM Inc.的高级副总裁，管理500余名员工。在他的领导下，该企业的市场估值超过了1.75亿美元。

本书由上海市静安区国际数据管理协会（DAMA China）组织翻译，参与翻译的人员包括（排名不分先后）：于冰冰、王磊、刘贤荣、孙斌、孙晓鸥、李小青、何涵、汪科科、汪广盛、陈裕源、苟晓锋、康凯、赵瑞、高平、袁健、崔佳、崔鹏、黄金和、韩学智、欧阳秀平。

资源与支持

资源获取

本书提供如下资源:

- 本书思维导图;
- 异步社区7天VIP会员。

要获得以上资源,您可以扫描下方二维码,根据指引领取。

提交勘误

作者和编辑尽最大努力来确保书中内容的准确性,但难免会存在疏漏。欢迎您将发现的问题反馈给我们,帮助我们提升图书的质量。

当您发现错误时,请登录异步社区(https://www.epubit.com),按书名搜索,进入本书页面,单击"发表勘误",输入勘误信息,然后单击"提交勘误"按钮即可(见下页图)。本书的作者和编辑会对您提交的勘误进行审核,确认并接受后,您将获赠异步社区的100积分。积分可用于在异步社区兑换优惠券、样书或奖品。

与我们联系

我们的联系邮箱是 contact@epubit.com.cn。

如果您对本书有任何疑问或建议,请您发邮件给我们,并请在邮件标题中注明本书书名,以便我们更高效地做出反馈。

如果您有兴趣出版图书、录制教学视频,或者参与图书翻译、技术审校等工作,可以发邮件给我们。

如果您所在的学校、培训机构或企业想批量购买本书或异步社区出版的其他图书,也可以发邮件给我们。

如果您在网上发现有针对异步社区出品图书的各种形式的盗版行为,包括对图书全部或部分内容的非授权传播,请您将怀疑有侵权行为的链接发邮件给我们。您的这一举动是对作者权益的保护,也是我们持续为您提供有价值的内容的动力之源。

关于异步社区和异步图书

"**异步社区**"(www.epubit.com)是由人民邮电出版社创办的 IT 专业图书社区,于 2015 年 8 月上线运营,致力于优质内容的出版和分享,为读者提供高品质的学习内容,为作译者提供专业的出版服务,实现作者与读者的在线交流互动,以及传统出版与数字出版的融合发展。

"**异步图书**"是异步社区策划出版的精品 IT 图书的品牌,依托于人民邮电出版社在计算机图书领域 30 余年的发展与积淀。异步图书面向 IT 行业以及各行业使用 IT 的用户。

目　　录

第一部分　为什么要更深入地了解数据？

第 1 章　数据训练营 ··· 3
1.1　定义数据资产 ··· 3
1.1.1　如何定义数据 ·· 3
1.1.2　数据是一种资产 ··· 5
1.1.3　数据具有战略意义 ·· 7
1.1.4　物理定律不适用于数据 ·· 8
1.1.5　数据并不是新的石油 ··· 9
1.2　社交媒体：你的数据是别人的资产 ·· 10
1.2.1　什么是社交媒体 ··· 12
1.2.2　用户数据 ··· 13
1.2.3　保护你的数据 ·· 14
1.3　物联网 ··· 15
1.4　本章小结：为成人和知识工作者提供数据知识是基础 ···················· 17

第 2 章　"数据文盲"社会 ··· 19
2.1　疫情验证了"数据文盲"的社会问题 ·· 19
2.2　数据素养是一个范围而不是二进制度量 ····································· 21

目录

- 2.2.1 什么是数据素养？ ... 21
- 2.2.2 数据素养是计算机素养吗？ ... 23
- 2.2.3 金融素养又是什么？ ... 23
- 2.2.4 是类似于学习驾驶吗？ ... 24
- 2.2.5 数据素养的5个等级 ... 24
- 2.2.6 糟糕数据决策的指数效应 ... 26
- 2.2.7 保护你的数据 ... 26

2.3 "数据智能"需要与组织的数据机器和数据矩阵进行交互 ... 27
- 2.3.1 什么是"组织的数据机器"？ ... 27
- 2.3.2 日益沉重的数据债务 ... 28
- 2.3.3 什么是"数据矩阵"？ ... 29
- 2.3.4 数据矩阵工作原理 ... 30

2.4 本章小结：我们还没有做好数据素养这项工作 ... 32

第3章 数据过剩 ... 34

3.1 有代表性的经历——在危机中发现不同类型的数据问题 ... 34

3.2 4个基本的数据定理 ... 35
- 3.2.1 数据定理1：更多的数据是一个现实 ... 35
- 3.2.2 数据定理2：很少有组织考虑数据交换成本 ... 36
- 3.2.3 数据定理3：技术不能解决所有问题 ... 38
- 3.2.4 数据定理4：数据需要组织和管理 ... 39

3.3 本章小结：数据淹没了我们 ... 40

第4章 目前的方法不能解决问题 ... 42

4.1 大众的数据素养进展偏慢 ... 42

4.2 根本原因分析和洞察 ··· 45

4.3 对现行课程的评价 ··· 46

    4.3.1 2020 年数据整理（准备）市场研究 ······················ 48

    4.3.2 弱数据管理基础 ··· 50

    4.3.3 数据素养尚未被认为是必要的工作技能 ················ 51

    4.3.4 现有科学基础 ·· 51

    4.3.5 不均衡的教学和研究方法 ·································· 51

    4.3.6 对技术的过度关注 ·· 52

4.4 解决方案是什么？··· 53

4.5 本章小结：关于数据知识的数量、教育效果和所需的努力 ······ 54

第 5 章 提高知识工作者的生产力 ··· 55

5.1 什么是知识工作者？··· 55

5.2 我们能在多大程度上提高知识工作者的生产力？················ 56

    5.2.1 生产力中由人组成的部分 ·································· 56

    5.2.2 生产力中由过程组成的部分 ······························ 57

    5.2.3 总结 ·· 57

5.3 知识工作者应具备的数据敏锐度 ··································· 58

    5.3.1 了解访问信息的 ID ··· 58

    5.3.2 了解所需信息的重要性 ···································· 59

    5.3.3 规定地图与模型 ··· 60

    5.3.4 数据知识对组织同样重要 ·································· 60

    5.3.5 制作更好的数据三明治 ···································· 61

5.4 决策过程中使用的数据和技术 ······································ 64

5.5 本章小结：给知识工作者的一些基础性的数据知识 65

第二部分　数字公民框架

第 6 章　使用数字公民框架教育大众 69
6.1 数据素养量表和数字公民框架的参与者 70
6.2 数字公民属性 71
6.3 跨层次共性 71
　6.3.1 行为焦点 72
　6.3.2 道德视角 72
6.4 数据对话 75
6.5 公民数据知识领域（素养需求和应对措施） 76
6.6 本章小结：一个明确的问题 76

第 7 章　移动数据传播者 77
7.1 移动数据传播者概述 78
7.2 将每位移动数据传播者与一个负责任的成人数据传播者进行匹配 80
7.3 移动数据传播者的数据知识领域（需求和措施） 81
　7.3.1 CDKA01：限制和解锁附加功能 81
　7.3.2 CDKA02：通信协议——仅限联系人 82
　7.3.3 CDKA03：保护数据 84
　7.3.4 CDKA04：识别可信数据 85
　7.3.5 CDKA05：紧急协议和应急手段 87
　7.3.6 CDKA06：设备数据功能 88
　7.3.7 CDKA07：数据请求的适当性 89

   7.3.8 CDKA08：平衡便利性与监控 ··················· 93

   7.3.9 CDKA09：克服不良的互联网行为 ················ 94

  7.4 本章小结：教育未来的人们 ······················· 96

第 8 章 成人数据传播者 ····························· 97

  8.1 成人数据传播者概述 ························· 98

  8.2 成人数据传播者的数据知识领域（需求和措施） ············100

   8.2.1 CDKA10：管理网络声誉 ·····················100

   8.2.2 CDKA11：考虑数据来源 ·····················101

   8.2.3 CDKA12：保护敏感的个人数据 ·················103

   8.2.4 CDKA13：数据自动限制 ·····················104

   8.2.5 CDKA14：负责任的自动化数据管理 ···············105

   8.2.6 CDKA15：了解数据信托关系 ··················106

   8.2.7 CDKA16：理解数据影响力的责任 ················107

   8.2.8 CDKA17：数据投资的特点和预期 ················108

  8.3 本章小结：编纂成人数据责任 ·····················109

第 9 章 知识工作者 ······························110

  9.1 知识工作者概述 ···························112

  9.2 缩小数据素养的技能差距 ·······················114

  9.3 知识工作者的数据知识领域（需求和措施） ···············115

   9.3.1 CDKA18：数据经过治理 ·····················115

   9.3.2 CDKA19：数据具备价值 ·····················116

   9.3.3 CDKA20：保持数据更新 ·····················117

   9.3.4 CDKA21：维护好组织托付的责任 ················118

目录

  9.3.5 CDKA22：数据涉及群体利益 ································· 119

 9.4 本章小结：知识工作者和数据 ····································· 120

第10章 数据教师 ··· 121

 10.1 数据教师概述 ·· 121

 10.2 数据教师的数据知识领域（需求和措施） ······················ 123

  10.2.1 CDKA23：优质的教学 ·· 123

  10.2.2 CDKA24：在教学中设计反馈 ································ 124

  10.2.3 CDKA25：同时关注人员、流程和技术 ···················· 125

  10.2.4 CDKA26：持续教育 ·· 126

 10.3 本章小结：为什么需要一种新的教育形式 ····················· 127

第11章 数据专家 ··· 128

 11.1 数据专家概述 ·· 128

 11.2 数据专家的知识领域（需求和措施） ··························· 129

  11.2.1 CDKA27：持续认证 ·· 130

  11.2.2 CDKA28：拥有专业的数据领域知识 ······················· 130

  11.2.3 CDKA29：拥有解释数据的能力 ····························· 131

  11.2.4 CDKA30：拥有建立数据学科的能力 ······················· 132

 11.3 本章小结：开启数据专家之路 ··································· 133

第三部分 培养具备数据素养的组织

第12章 提升组织数据素养"十二步法" ······························ 137

 12.1 "十二步法"的组成 ·· 138

 12.2 第一层：生理需求——移动数据传播者（包括3个步骤） ······ 139

12.2.1 第一步：承认存在问题 ·········· 139
12.2.2 第二步：接受真实数据的力量 ·········· 141
12.2.3 第三步：致力于遵守数据信条 ·········· 142

12.3 第二层：安全需求——成人数据传播者（包括4个步骤）·········· 144
12.3.1 第四步：清点数据资产 ·········· 144
12.3.2 第五步：从组织层面了解过往不良数据实践的代价 ·········· 146
12.3.3 第六步：展示兴利除弊的数据管理能力 ·········· 147
12.3.4 第七步：开展众包提升数据素养 ·········· 147

12.4 第三层：社会需求——知识工作者（包括2个步骤）·········· 148
12.4.1 第八步：确定提升哪些数据实践 ·········· 149
12.4.2 第九步：修复数据缺陷 ·········· 150

12.5 第四层：尊严需求——数据教师（包括1个步骤）·········· 150
第十步：责任落实到人 ·········· 151

12.6 第五层：自我实现需求——数据专家（包括2个步骤）·········· 152
12.6.1 第十一步：持续提升组织能力 ·········· 152
12.6.2 第十二步：在组织内外广为宣传 ·········· 153

12.7 本章小结：数据素养建立策略 ·········· 153

第13章 数据指南（第2版）·········· 154

13.1 关于数据咨询的警告 ·········· 155
13.2 以数据为中心的前提1：数据规划驱动IT规划 ·········· 157
13.3 以数据为中心的前提2：有根据的数据投资高于技术采购活动 ·········· 159
13.4 以数据为中心的前提3：稳定共享的组织数据高于IT组件优化 ·········· 162
13.5 以数据为中心的前提4：数据重用高于新增采购 ·········· 164

13.6 数据原则在数据规划支持其组织时发挥作用 ······················· 165

  13.7 创建你的第一个标杆项目 ·· 167

  13.8 本章小结：要求客观性 ·· 168

第 14 章 成为具有数据素养的公民面临的挑战与意义 ···················· 169

  14.1 培养数据素养的困难和挑战 ··· 169

  14.2 数据素养公民的愿景 ·· 171

    14.2.1 移动数据传播者的数据素养愿景 ··································· 172

    14.2.2 成人数据传播者的数据素养愿景 ··································· 173

    14.2.3 知识工作者的数据素养愿景 ·· 174

    14.2.4 数据教师的数据素养愿景 ·· 175

    14.2.5 数据专家的数据素养愿景 ·· 176

  14.3 关于数据素养的结论 ·· 176

附录 ··· 178

  附录 A 建议负责任的成人数据传播者与移动数据传播者进行的对话 ······ 178

  附录 B 数据指南（第 2 版）简述 ·· 180

  附录 C ODI 的数据伦理画布 ·· 181

  附录 D 19 条数据小知识 ·· 183

  附录 E 30 条 CDKA ··· 185

第一部分
为什么要更深入地了解数据？

和数据打交道是危险的！

提高组织数据素养的关键是加强数据教育和提高人们的数据素养。经验表明，大多数人低估了数据的复杂性和从数据中获取有效价值所需的工作量。许多人认为数据非常复杂——而不这么认为的人则更多是尚未意识到这一事实。许多组织的失败是因为他们没有在整个组织中发挥约束的作用或应用足够的资源。我们相信，同样的原则也适用于社会。除非我们认真对待数据，为数据素养工作提供资金，否则社会也可能出现问题。这不只是政府的问题，所有公民都应该主动提高自己的数据素养，至少要明白成为一个 PIDD 是不可取的。（好消息是，正如我们将在第 5 章中详细介绍的，大多数人都愿意提高数据素养。）仍然保持"数据文盲"身份的公民将无法控制他们的数据和隐私，只有通过提高数据素养，他们才能学会如何控制和保护他们的数据和隐私。

第一部分回答了一个问题——为什么要更深入地了解数据？本部分提供数据基础、数据增长和数据教育的相关知识，以帮助读者重视数据，并了解不认真对待数据的后果。我们鼓励读者将数据视为一种资产和一种规划性的投资。我们还鼓励读者在为数据决策时深思熟虑，并且数据应该成为日常思维的一部分。我们要认识到，社会越来越依赖数据，尽管人们经常低估它对金融系统、电网、新闻和信息服务的驱动作用。正如理查德·斯坦格尔在本书的推荐序中所说的那样，

第一部分 为什么要更深入地了解数据？

数据是在数字经济各个方面所使用的信息单元。

- 第 1 章列出了一个框架，帮助读者理解数据是一种必须被使用和保护的资产——就像我们做的其他任何有价值的事情一样。
- 第 2 章将数据描述为现代生活和社会的基础。
- 第 3 章描述了数据可用性和使用量的大量增加，以及新的社会能力和新的公民能力。
- 第 4 章提供证据表明，目前对待数据的方法并没有削减数据债务，而是让各个方面的社会数据债务都在增加。
- 第 5 章为提高知识工作者的生产力提供一个起点。

第 1 章 数据训练营

除了从事数据相关工作的人之外，一般人对数据的概念和知识了解得较少。

本章提供了我们认为所有成年人都需要在社会中运用到的数据的基本的、非技术性的知识。我们认为，数据必须被视为一项个人资产，不应该让大众沦落到只有通过斗争才能保护他们的数据。

1.1 定义数据资产

任何成年人都需要了解的关于数据的第一件事是，数据是一种资产。大多数人都可以列出常见的公司资产，比如不动产、金融投资、库存、知识和技能——甚至是声誉和商誉。然而，很少有人会将数据视为他们自己或公司的资产。本节旨在纠正这一基本性的误解。

1.1.1 如何定义数据

当一个数字和一个语境相结合时，数据才获得了有用的意义。例如，数字 42 到底是什么意思？在过去的 30 多年中，当我们与来自世界各地的团体谈论数据时，总有人会记得在《银河系漫游指南》（*The Hitchhikers Guide to the Galaxy*）一书里，数字 42 代表了"生命、宇宙和一切的意义"。不可避免的是，没有读过这本书的人对此很困惑。42 和什么有关系呢？是杰基·罗宾逊（Jackie Robinson）的球衣号码吗？（确实如此。）这就是同样的数字和不同的语境相结合从而被赋予了不同的意义。

在浅显的层面上，数据是数字和定义的组合。在将 42 与"生命的意义"关联起来之后，我们就有了理解数据的语境和能力。然而，大多数人并没有机会研究生活中的数据。

数据是复杂而详细的，但它也很简单。毕竟，数据用二进制表示所有的事物：真或假。那么，为什么数据令人困惑，为什么人们很难谈论它呢？这种困惑是一个常见的问题。缺乏数据知识和经验加剧了人们之间的沟通误解。通常，数据所涉及的群体是数据相关人士和非数据相关人士。也就是说，有些人理解数据的概念，而另一些人则不理解。我们认识到，弥合不同群体之间的差距是本书的重要挑战之一。

对大多数人来说，数据可能会令人很困惑，因为它很复杂、很详细，而且不同人的理解不一致。知道如何阅读和解释数据需要原则、实践和教育。

即使是那些经常使用数据的人也只知道其中的一部分。例如，数据科学家们会经常探索有用的数据维护工具，以及何时使用何种工具作为他们的教学内容，而不是学习所有类型的工具。对许多人来说，数据就像是盲人摸象的故事一样，如图1-1所示。

图1-1　盲人摸象

故事中，摸到大象鼻子的人以为他摸到了一条蛇，摸到大象躯干的人以为他摸到了一堵墙，而碰到大象腿的人则以为他摸到了一棵树。没有他们的综合观察数据，每个人都认为自己有不同的感觉。

就像大象由它身体的各个部分组成一样，数据专业也由它的各个分支组成，如图 1-2 所示。在数据世界中，不同的人根据不同的专业进行工作。有些人专注于收集数据，而另一些人专注于分析数据，还有些人这两者都不做。

这些工作不交叉，甚至不合作。每个人都在自己的维度里工作，只是偶尔会进行交流，例如：

- 有些人收集数据，并认为数据专业的工作是一组业务流程和金融交易；
- 有些人保护数据，并认为数据专业的工作是一套应用于数据资产的保障控制措施；
- 有些人存储数据，并认为数据专业的工作是对数据增长的一种计算。

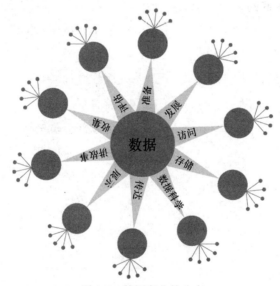

图 1-2　数据专业的分支

1.1.2　数据是一种资产

在深入研究数据的概念之前，让我们做一些快速的练习，思考一下自己生活中的数据和信息。拿出一张空白的纸，在你完成以下 3 项活动之前，不要进一步阅读。

（1）列出你的个人信息的类型，例如保险单和照片。

（2）列出其他人掌握的关于你或你的家人的数据。

（3）列出如果你的数据被其他人控制或访问时可能发生的坏事。在准备好后，将你的列表与下面的列表进行比较。

（1）个人信息类型：

- 保险单
- 行程地图
- 房屋契约
- 图书
- 银行账单
- 学校作业
- 信用卡账单
- 厨房日历
- 照片
- 住址名册
- 个人视频
- 文凭和证书

（2）其他人掌握的关于你和你的家人的数据：

- 保险金
- 演出和俱乐部记录
- 会员卡积分
- 大学记录
- 信用卡交易记录
- 医疗文件
- 银行交易记录
- 慈善捐款
- 学校记录
- 俱乐部会员资格
- 时间表
- 房屋注册信息
- 抵押贷款记录
- 公司工资
- 纳税记录
- 信用评级
- 酒店记录

（3）可能会发生的坏事：

- 身份被盗窃
- 子女的学校详情被披露
- 声誉受损
- 收到不合适的行为建议
- 敏感医疗信息泄露
- 抵押声明文件丢失或出现错误
- 房屋贷款错误地显示拖欠
- 信用评级出现错误导致贷款请求失败
- 会员卡积分被错误地重置为零

- 保险金计算错误

上面列举的（1）和（2）中的内容是您的一些数据资产（Data Assets）。资产是由组织控制的资源类别，并且组织预计未来将从中获得收益。数据资产是指某些组织希望从其中获得收益的数据集。因为大众疏于考虑和保护数据资产，数百万人遭受数据泄露的影响，社会也因为使用了那些不以实际需求为服务目的的昂贵技术而发展迟缓。人们需要了解他们的数据：数据所处的位置（包括物理数据和电子数据），谁可以访问这些数据，数据的准确性，以及数据在当今的数字世界中对他们意味着什么。

1.1.3 数据具有战略意义

个人计算机的出现正在逐渐提高人们对数据作为一种资产的认识。一个早期的例子是互联网浏览器的电子书签的功能。在谷歌浏览器出现之前，当一个人发现一个有用的网站时，他可以将该网站添加到电子书签中，以便在未来快速访问。在互联网搜索功能出现之前，书签是一个人们知道、理解和信任的网站列表。个人、组织和技术都使用不同的格式存储书签。因此，迁移和交换书签成为了一项挑战。早期的计算机用户非常重视管理他们的书签。然而，随着人们将更多的书签迁移到云中，将数据从一台计算机迁移到另一台计算机的烦琐而耗时的工作就会减少。将书签迁移到云中也代表了一个初始的白名单解决方案，即允许由信誉良好的人审查书签。虽然现在更好的设备数据迁移和搜索技术已经将书签问题降级为历史问题，但这种管理数据复杂性的方法是自动化的，并且已经被合并到设备升级过程中。

选择加入白名单的反面是选择移出白名单或者进入黑名单。今天，许多浏览器都带有黑名单，当用户试图访问黑名单中的网址时，系统会以警告和免责声明来通知用户。了解如何以及何时同时应用黑名单和白名单是提高数据素养和有效管理数据复杂性的关键。例如，我们将在第 7 章中介绍"仅联系人模式"（Contacts-Only Mode），这种模式对移动数据传播者有帮助，它是一种只限白名单联系人（whitelisted-contacts-only）的方法，以便帮助新用户进入互联网。

与任何个人或组织资产一样，数据必须被战略性地使用。如前所述，数据的基本形式只是事实和数字的组合。但是要实现数据的价值，人们必须将数据组织成一种模型——使数据具有精致、详细和复杂的设计。

但在很多情况下，由缺乏能力或不合格的设计师设计的数据模型存在难以发现的、不可逆转的和永久的缺陷，以及效率低下的问题。这些问题隐藏在整个模型开发过程中，但不可避免地会在最终浮出水面。如果专家们没有及早发现这些问题，这些问题就会进入生产系统。到那时，要修复这些问题往往已经太晚或者要支付高昂的费用。有些无畏的组织试图进行维修，然而，他们通常无法收回维修的成本。有些人还试图在生产环境中使用有缺陷的数据系统，他们肯定会由于系统中存在太多缺陷而遭受不必要的麻烦。这些系统缺陷造成的开销会快速累积，我们称之为数据债务（Data Debt）。

1.1.4　物理定律不适用于数据

与其他商业资产不同，数据资产具有独特性，适用于其他资产的一些物理定律不适用于数据资产。理解这一点可以帮助组织拥有高质量的数据，也可以提高组织决策的可靠性。大多数组织都有不一致的，甚至相互冲突的数据集、定义和应用——换句话说，有太多的数据债务。

对数据的治理我们应该少用"数据物理定律"，而是应该通过各种技术，将潜在的数据组合限制在如下三种关系中：

- 一对一
- 一对多
- 多对多

这三种关系为数据问题的解决方案提供了与软件、网络、安全等更多领域的解决方案完全不同的确定性。因此，数据相关的职业吸引了那些喜欢在相对有确定性的世界里工作的问题解决者。理解数据的特征对于理解数据对系统设计的重要性是至关重要的。以下是数据的一些特征。

- 独特的：它将在一段时间内保持其独有的形式和价值。
- 不会消耗的：可以永久访问，不会被用尽。
- 不会贬值的：和组织的其他资产相比，值得组织进一步投资。
- 具有战略意义的：具有几乎无限的用途。

- 无形的：没有实践很难想象，同时存储和传输成本还低。
- 非排他性的：同样的数据可能被误用和误解。
- 再生的：可以免费复制。
- 难以控制的：一旦泄露，几乎不可能被清理干净。
- 环保的：数据中心正在走向绿色化。

1.1.5 数据并不是新的石油

如果在互联网上搜索"数据是新石油"，你会发现超过 500 万份参考资料。与石油一样，数据可以被开采和精炼以提供价值。一些人扩展了这一比喻，并指出，就像石油改变了经济以及公民的生活和工作方式一样，数据也正在推动类似的变化。

虽然这些有变革性的特性很吸引人，但这绝对是看待数据资产的错误方式。例如，石油是消耗品。当石油用完时，就必须补充供应。这个过程一直持续到不再需要石油或者拥有足够多的石油为止。石油没有任何再利用的概念。它是有限的，可预测的，当它消失时，也就没有了。

然而，对于数据，这个过程几乎是相反的！在支付了收集费用之后，使用数据的相对成本会随着每次后续使用而减少。使用数据的人越多，其价值就越高。因此，我们鼓励组织重用数据并获得价值增值。增加数据的使用量显然不会破坏或伤害数据。数据会保持其原始状态，除非有人故意更改数据。因此，数据是持久的，能够随着时间的推移催生一系列商品和服务。组织应该将数据视为一笔投资，而不是一笔消费。此外，油价会随着市场力量的影响而波动。而数据资产可以对市场力量做出响应，也可以通过好好管理数据和谨慎地优化数据的范围、粒度、时间框架、组合等而使其变得更有价值。

数据是强大的但未得到充分利用也没有被好好管理的组织投资。当将数据与其他组织资产进行比较时，人们很快就会发现数据是独特的。常见的情况是，使数据具有独特性的特征也保证了对数据进行利用的战略方法。

为了更好地解释数据这个概念，我们可以将其比作"土壤（soil）"。准备好一块高质量的土壤，你会发现可以在里面种植庄稼并持续丰收。我们也可以用时间来作一个更好的类比——如果春天不播撒种子，怎么能期望在秋天收获成熟的果实呢？数据和土壤一样，都需要准备、坚持和耐心。适合种植庄稼的物理区域是有一定限制的，这也告诉我们在处理数据时也应该有同样的一些考量——特别是在规划数据重用时。

1.2 社交媒体：你的数据是别人的资产

在历史的长河中，社交媒体是一个至关重要的新事物，但是它的成熟度却极低。我们可以在通信的历史背景下总结社交媒体，如表 1-1 所示。

表 1-1 通信历史表

年份	发明	影响
500~1500	飞鸽传书	使用信鸽发送信息
1792	电报	电报在准确性和速度上都击败了鸽子
1836	摩斯编码	改进电报系统
1836	气动导管邮件	改进点对点的工作流程。邮局内通过气动导管来分拣和传送邮件
1875	电话	逐步改善个人与个人之间的关系
1891	无线电	改进广播通信
1969	计算机服务	改进计算机与计算机之间的通信
1971	第一封电子邮件	通常认为是雷·汤姆林森（Ray Tomlinson）通过网络发送了第一封电子邮件
1978	第一个 BBS	公告板系统（Bulletin Board System，BBS）允许用户群体见面和聊天
1989	WWW	万维网（World Wide Web）诞生
1994	第一个博客	由一位在美国斯沃斯莫尔（Swarthmore）大学读书的学生首次发表
1997	"3 度分离"理论	"3 度分离"是指任意两个人之间可以通过 3 个人连接起来——从"6 度分离"理论的 6 人减少至 3 人

虽然许多人不认为数据是一种资产，但社交媒体认为数据是一种资产。社交媒体公司用于获利的数据并不是他们自己的数据，而是用户把个人数据给了他们，他们才拥有了能获利的数据。

在现代资本主义社会中,技术在过去、现在和将来总是经济目标的一种表现形式。

有句话说:"如果你不为一个产品付费,那么你就是在以其他方式为这个产品提供价值。"换句话说,企业通过使用你在其提供的产品或服务中留下的数据获利。这就是你成为一个 PIDD 的方式。不了解这一情况的人允许大型科技公司继续利用他们的数据,而美国的司法系统已经允许这种情况存在。美国地方法官保罗·格雷瓦尔(Paul Grewal)驳回了一项诉讼,因为他认为用户选择免费服务就是默认同意服务提供方挖掘用户数据并用其获利。格雷瓦尔法官在判决中指出:

> 到目前为止,大多数人都知道谷歌是谁,谷歌在做什么。谷歌为美国和世界各地的数十亿在线用户提供服务……由于来自用户的收入很少,谷歌可以通过在产品中销售广告来营利,这些广告很大程度上依赖于用户的个人身份信息……在这个模式中,用户是真正的产品。

我们知道这些大型科技公司的名字,并每天都听到他们的消息。它们分别是 Facebook、苹果(Apple)、亚马逊(Amazon)、奈飞(Netflix)和谷歌(Google),其首字母缩写为"FAANG"。FAANG 是一个可怕的名字,也是一个可怕的概念。在并不久远的过去,这些公司提供的商品和服务与他们今天提供的大不相同。表 1-2 展示了 Facebook 多年来是如何描述自己的。

表 1-2 Facebook 的自我描述

年份	描述
2004	Facebook 是一个通过大学的社交网络连接人们的在线通讯录
2005	Facebook 是一个通过学校的社交网络连接人们的在线通讯录
2006	Facebook 是一个社交工具,它将你和你周围的人联系起来。Facebook 是由许多独立的网络小组组成的,比如学校、公司和地区
2007	Facebook 是一个社交工具,它将你和你周围的人联系起来。你可以在 Facebook 中上传照片或者发布笔记,从你的朋友那里获得最新的新闻,在你的个人主页上发布视频,标记你的朋友,使用隐私设置来控制谁能看到你的信息,加入网络小组来了解其他人的生活、学习或工作

续表

年份	描述
2008	Facebook 是一个社交工具，它将你和你周围的人联系起来。你可以使用 Facebook 了解朋友和家人，分享照片和视频，控制在线隐私，与老同学重新联系
2008	Facebook 会帮助你与你生活中的人建立联系和分享生活
2009	Facebook 赋予了人们分享生活和让世界更加开放、互联的权利
2013	Facebook 的使命是赋予人们分享生活和让世界更加开放、互联的权利
2017	Facebook 的使命是赋予人们建立网络社区和让世界变得更紧密的权利
2017	Facebook 的使命是赋予人们分享生活和让世界更加开放、互联的权利
2019	Facebook 的使命是帮助你与朋友和家人保持联系，发现这个世界上发生了什么，并分享和表达那些对你来说很重要的东西
2020	Facebook 的使命是赋予人们分享生活和让世界更加开放、互联的权利

Facebook 起初是一个大学时代的项目，但它很快发展成为世界上最强大的科技公司之一。一开始，Facebook 像许多基于互联网的新产品一样运行——睁大眼睛，渴望探索互联网的力量，吹捧社交连接和分享。但是在 2004 年，就有早期迹象暗示 Facebook 会变成什么。在接下来的几年里，Facebook 扩大了用户群，成为世界上增长最快的、最富有的公司之一。Facebook 创始人兼首席执行官马克·扎克伯格（Mark Zuckerberg）曾说：" 4000 个'傻冒'愿意放弃个人信息，加入他开发的令人兴奋的新网络。"

1.2.1 什么是社交媒体

要充分理解社交媒体的动机，必须从理解社交媒体的基础知识开始。什么是社交媒体？韦氏词典（Merriam Webster）将社交媒体定义为电子交流形式，如社交网络和微博客网站。用户创建在线社区，以分享信息、想法、个人数据、视频等内容。

理解社交媒体的关键是要认识到社交媒体公司的别有用心——他们是营利性企业。想想看，在 2017 年，苹果公司、Facebook、谷歌、维瑞森（Verisign）和 VISA 的每名员工平均为公司创造了超过 100 万美元的收入！可见，组织通过影响和塑造他人行为来获利，这是个巨大的商机。

社交媒体公司是如何让我们给他们提供这么多的数据的呢？答案是，通过从有价值的服务到点击诱饵和许多其他形式的技巧。如果你在社交媒体上花过一点时间，你就会熟悉这些"点击诱饵"（clickbait）——文章图片和标题中都有诱人的提示。杰弗里·海特（Jeffrey Haidt）对这一点以及社交媒体对人们造成的一些身体、心理和社会影响进行了很好的研究。点击这些文章是为了让用户产生一种叫作多巴胺的神经递质。多巴胺与快乐无关，它是对快乐的一种期待；它是对幸福的追求，而不是幸福本身。

同样的原则也适用于为什么我们把这么多东西交给了社交媒体。例如，我们发布一张自拍来预测"赞"（likes）和"跟随"（follows）的数量。或者，我们持续在自己的主页信息流中无限地滑动浏览，远远超过了无聊的程度，期望通过拇指的滑动能得到快乐。

社交媒体公司的收入来自广告商。Facebook 和谷歌从广告中获得了他们收入的很大一部分。因此，社交媒体公司有动力创造尽可能多的方式来"吸引"人们，并让他们留在自己的平台上。

想想看，社交媒体公司鼓励在线对话并从参与者那里获取数据。"鼓励"可能是用词不当——社交媒体公司设计他们的网站来制造和促进人们的参与，以获得参与者交出的大量信息。这些公司是有目的地使人"上瘾"，旨在激励用户生成数据。

其他从社交媒体中获益的人还包括那些有影响力的人和雇佣他们的公司。2018 年，使用关键意见领袖（Key Opinion Leader，KOL）等有影响力的人进行营销的公司获得了 520%的投资回报。Instagram 的活跃用户达到了 10 亿，许多年轻人的购买都依赖于 KOL 的建议。这些有影响力的人的粉丝通常不到 10 万，但大部分帖子仍然出自他们之手。有影响力的人和社交媒体是营销推广的新尝试，可能成为监管和审查的盲点。我们将看到人们越来越关注这些更有效地使用社交媒体的有影响力的人士。

1.2.2 用户数据

在线广告的关键在于用户数据的收集。组织可以通过"用户数据"了解用户的一切。该行业通常将用户数据分为三大类：显式数据和声明数据，隐式数据和推断数据，以及第三方数据（即从数据代理公司获得的数据）。

显式数据（又称为声明数据）是用户自愿提供给服务商的任何数据。用户数据是人们在注册服务时提供的信息，可以把它看作是用户的个人资料信息。在线服务商会询问这些信息，比如你的名字、年龄、地点、性别、喜欢和不喜欢的内容。服务商要求用户不考虑后果地放弃这类数据。

隐式数据是服务商在不需要用户直接输入的情况下收集的数据，例如浏览历史记录。在线服务商想知道你在一个网页上停留了多久，你点击了什么广告，你如何移动鼠标，以及你的播放列表中有哪些歌曲。一般情况下，服务商会收集你在网上所做的一切，并出于不同的目的进行分析。这是谷歌分析产品的基础。一些网站利用它来最大化收入，另一些网站则用它来完善人们的参与体验。

推断数据是基于显式数据和隐式数据的组合进行推断而得到的数据。通过复杂的算法对用户进行分类，并确定是否应该向某用户展示服装广告或者旅行广告。一旦组织处理了用户信息，他们就会准备好转售这些信息。第三方经纪人将数据出售给其他组织，这些组织会将这些信息用于增强他们自己的数据，并将其用于潜在的新客户。

面对新的和看似不同的内容，社交媒体可以消耗用户无数的时间。我们必须明白，除了一些非营利组织外，社交媒体公司的存在就是为了找到从用户那里提取数据的新方法。要想正确地看待这个问题，可以考虑如下客观定义：钱和交易来自于：（1）用户可能注意到的屏幕上的数据；（2）如果用户点击了一个单词或图像并跳转到目标网页。这种简单的数据价值实现的方式被定义为参与。用户参与了，钱就来了，这也为未来的投资提供了一个初步的基础。

1.2.3 保护你的数据

为了对在线信息做出负责任的决定，用户必须了解在网上发布信息可能产生的后果。为了有资格申请加入一些执法部门工作，人们必须将他们社交媒体账户的密码交给相关部门。把你的密码给官方，可以让他们阅读你过去所撰写和发布的内容，并深挖你所有的对话。这些机构有正当的理由要求你提供密码，并在非常隐私的层面上来了解你的所有情况。

一些人会保护他们的数据，但另一些人则不知道社交媒体公司会积极获取他们的数据。大多数人在不知情的情况下为数据矩阵（Data Matrix）（更多内容参见第 2.3.3 小节）提供数据。在进入互联网之前，人们必须了解以下因素：

- 管理成本
- 时间承诺
- 流失客户
- 长期承诺
- 外部支持
- 正确归因
- 执行审查
- 数字跟踪
- 分析成功的成本
- 搞砸的代价
- 社交媒体管理平台
- 与网络分析相结合
- 社交媒体失误的补救措施
- 数字骚扰
- 机会成本

大多数人都意识到，今天的人更有可能体验社交网络，而不是学习数据素养。因此，我们提倡那些负责任的成年人通过定期的数据讨论来保持交流渠道的开放（更多内容请参见第 6 章）。

1.3 物联网

说到数据需求和"数据文盲"之间的交集问题，物联网（Internet of Things，IoT）是一个更可怕的领域。图 1-3 是对物联网的描述。

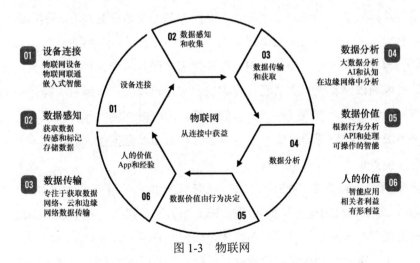

图 1-3　物联网

物联网这个术语描述了任何连接到互联网的设备。物联网设备是独特的，和我们通常理解的计算机不同，这些设备是用以测量一些微小而独特的信息的小型计算机。例如，物联网设备可以测量电力设备移动的速度或消耗的功率，以及其他有用或有利可图的信息。普通计算机和物联网设备之间的另一个区别在于，用户并不直接操作物联网设备，而是由其他的电子设备（如智能手机、平板计算机和笔记本计算机）控制这些物联网设备。下面列出了一些标准的物联网设备。

- 数字控制系统
- 烤面包机
- 人工耳蜗
- 互联设备
- 冰箱
- 土壤监测系统
- 建筑能源系统
- 可穿戴技术
- 智能工厂设备
- 自动的农业设备
- 监控摄像头/婴儿监视器
- 集装箱和物流跟踪系统
- 智能手机和扬声器
- 无线库存跟踪器
- 交通万物连接（V2X）
- 紧急通知系统
- 超高速无线网络
- 生物识别网络安全扫描仪
- 智能家居和安全系统

物联网的一个更令人不安的方面是，大多数人都没有认识到物联网存在问题。软件开发人员已经证明，物联网设备在安全方面非常糟糕，以至于物联网的整个产品线都被列入了美国政府的监管。物联网设备通常被安装在有人的区域，以便抓取各种数据。当某个组织在全球范围内部署数十亿个物联网设备时，其中的传感器就创建了一个网格，使该组织能够监视和控制几乎任何可以想象到的东西。农民们可以在田间管理巨大的联合收割机，父母可以在孩子睡觉时监控他们，房主也可以在他们外出度假时控制家里的温度。随着时间的推移，发明家将使用这些和更高级版本的传感器来实现更有创造性和有益社会的能力。然而，无论这些设备对社会多有用，都有其缺点。

物联网设备存在缺点的示例之一就是亚马逊公司生产的环形相机（Ring Camera）。环形相机的全方位拍照/摄像服务为客户提供了一些卓越的功能，例如告诉主人是否有人在家门口。该系统还可以录制视频，以便以后观看和分享。重要的是，这些设备会共享它们的数据，所以亚马逊公司收集了大量关于你、你的财产和你周围环境的数据。令人不安的是，目前还不清楚这些数据去了哪里，以及谁可以访问它们。如果这是一次性数据，大多数人会不予理会。但这些设备会全天候收集数据，数据量非常庞大。环形相机和其他物联网设备收集的关于个人的信息已经达到了一个让人们对个人隐私担忧的水平。

像环形相机这类设备的终端用户许可协议（End User License Agreements，EULA）允许公司及其员工不受限制地随意访问私人数据。通过同意 EULA，人们允许亚马逊等公司监视任何签署协议的人。例如，EULA 允许亚马逊和执法部门在任何时候查看环形相机收集的视频。毫不奇怪，亚马逊已经开发出了专门的软件，将视频信息"拼接"在一起。

当与来自同一社区的其他环形相机收集的视频结合使用时，执法部门可以对社区活动有一个实时和全景的了解。例如，环形视频片段（Ring Video Footage）可以显示一个小偷从一户走到另一户。从大多数方面来看，这是一种非凡的能力，对帮助执法部门保护社区的安全至关重要。但是，还有其他很多人们不理解或没有注意到的方面。就像为什么通用人脸识别技术失败了？为什么和聊天机器人对话还不令人满意？什么能够帮助人们理解这些能力的优缺点？答案都在于"数据素养"。

1.4　本章小结：为成人和知识工作者提供数据知识是基础

大多数人没有意识到他们的数据的价值，也不知道这些数据落入他人之手所造成的伤害。更糟糕的是，今天的"数据专家"并不知道他们在本质上只是从某一个角度在看待数据，而没能从整体的角度来处理数据，也没能理解从数据中获取价值的过程。此外，当组织使用的数据模型设计不当时，数据债务就会增加。对于那些旨在收集用户数据的产品（社交媒体和物联网），服务供应商们通过精致的组合和包装，让 PIDD 几乎全部沉沦，没有能力和机会去对抗监视资本主义。更糟糕的是，那些服务供应商这样做是为了做广告（说得好听些这是广告——说得难听些其实是对大众的控制）。

本章最后提供两个数据小知识。

数据小知识#2

数据比人们所理解的要复杂得多。大多数人仅从一个角度接触数据，而没有发现其他角度。这将导致不正确的看法、误解、失误，更重要的是资源分配不当。正如我们的同事 Lewis 经常说的那样："你无法有效地涉猎数据！"

数据小知识#3

数据是一项宝贵的资产！我们需要认识到我们拥有什么，以及能用它做什么。

第 2 章 "数据文盲"社会

本章主要描述普通人具备数据素养的必要性。首先,通过新冠疫情,我们可以看到深入理解数据的重要性。其次,本章将通过一系列相关能力的比较来讲解数据素养的定义,并说明数据素养标准化的必要性。最后,本章将描述数据债务问题以及数据矩阵对普通公民的危险。

2.1 疫情验证了"数据文盲"的社会问题

本书自 2020 年初开始编写,此时新冠疫情肆虐,世界上大部分地区都处于严格管控中,我们有太多的困惑与迷茫,也犯了很多错误。而这些困惑和迷茫均源于我们不够了解流行性传染病学的数学统计知识。比如,有一个医院目前有 48 张床位,如果每天的接诊需求翻倍,那么该医院可以支撑多久?

- 第一天,有 3 张床位被占用。
- 第二天,有 6 张床位被占用。
- 第三天,有 3/4 的床位可使用。
- 第四天,有 1/2 的床位可使用。
- 今天,所有床位全部被占用。
- 请问明天医院该怎么办?

从上例可看到,社会需要通过拉平与感染率相关的曲线,才能有效应对流行性传染病。如果医院工作人员不理解每日的感染率走势,则无法有效配置合适的病床数量。这种特殊时期的业务决策是一项艰巨的挑战。这场疫情向我们表明,不懂数据的人将无法预料他们的行为在社会中的后果。

许多卫生系统的官员试图用多样本数据来预测和管理人们对疫情管控的期望，但他们在美国范围内所做的数据收集和分析工作面临重重挑战。如果一个国家希望提高认识现实世界和管理决策的能力，则必须提高认识变化、适应变化的能力。每个人都必须了解数据，了解如何从数据中获得信息以便有效应对危机，同时保持可持续的发展。

我们在此提出一个大胆的想法：2020年将被称为"无数据之年"！适合用于人工智能算法训练的数据已经消耗殆尽。具体而言，人工智能的发展有赖于各种算法的发展，而算法的发展又有赖于现实世界的数据。Amy Webb在其颇具影响力的著作 The Big Nine 中认为，只有少数公司的数据做得足够好，能够为人工智能项目提供训练。她认为从国家安全的角度来看，政府必须成为人工智能领域的领导者。Webb的担忧突显了真正的危机，即人工智能算法迫切需要有质量保障的数据来进行训练。因此，数据问题阻碍了必要的算法训练，阻碍了人工智能的发展。

使用测试数据虽然可以解决一些问题，但历史经验表明，测试数据通常是不充分的、不完整的和不可靠的。我们在2020年上半年就已发现了这个问题。基于一些测试数据，研究人员对疫情的预测出现了错误，并不得不调整他们的算法模型，以符合现实世界的情况。过去从未有人使用模型来制定如此规模的国家政策和国际政策。很多人都清楚问题的根源不是出在数学上，而是出在数据上。

回顾过去，研究人员显然可以使用高质量的训练数据建立更好的模型。然而，这些数据资产并不存在。究其原因，是因为科学与个人自由之间的冲突在一场数据争夺战中上演。这种情况使人们无法以一致的、公平的方式，有效地评价不同的方法。这说明政治和社会问题对我们制定的数据模型中的每一个指标都会产生一定的影响。

不足为奇的是，许多人提出了不同的预测。直到新型冠状病毒出现，这些模型才被正式确立。当媒体、政府官员或普通公民不懂数据、无法理解与各种模型相关的数据时，就会带来各类问题。我们认为，提高大众的数据素养，特别是那些担任领导角色的人的数据素养，可以减少在疫情中对数据的错误理解。

实际情况是，大众对数据其实并不太了解。他们听到新闻中谈论数据，但他们不知道数据从哪里来，如何处理这些信息，如何使用数据，以及自己为什么要关心这些数据。更重要的是，大众不了解数据对他们个人的影响。不理解这些，大众就无法开始询问有关数据的问题，更不用说找到解决问题的答案。

这种情况的一个严重后果是信息沟通瓶颈。许多人无法理解大量数据的存储、处理和解释等等行为是如何实现的。针对数据问题，与某个必须做出重要决策但又不懂数据的人讨论，显然是一个很大的挑战。如果一个人对数据缺乏基本的理解，就会大大增加沟通难度。精通数据的参与者必须将他们的想法转化为一种简单易懂的形式，供不懂数据的决策者参考。懂数据的人必须采取额外的步骤，提供更多的信息来帮助其他人理解数据。最后，努力可能会也可能不会产生有效的沟通。缺乏有效的沟通往往会导致政策制定的失败。转换或翻译信息的任务总是落在为数不多的数据专家身上。例如，假设一位数据专家发现他们的组织的数据质量很差，并且他的上级还不懂数据，那么试图推动组织数据流程变革将会变得异常困难。而这种情况的反复持续，最终将导致到全社会的问题。

2.2 数据素养是一个范围而不是二进制度量

> 具有数据素养的社会比没有数据素养的社会能够更有效地开展各项工作。

为提高识字率，整个社会投入了大量资源。教育系统为了我们的后代可以读书写字，开展了很多项目。但在数据素养建设方面，并未投入相应的资源。为了提高数据素养，人们需要了解数据价值以及社会价值。

2.2.1 什么是数据素养？

数据素养研究项目表明，具有较强数据素养的员工将带来：

- 企业市值增加 3%～5%；
- 企业价值增长 3.2～5.34 亿美元；

- 对利润率、资产回报率、股本回报率和销售回报率产生积极影响。

但是"数据素养"（Data Literacy）是什么？如何度量它？

《剑桥英语词典》将"素养"（Literacy, literate）一词定义为"能读会写的人"，例如：

这个人素养较低，花了很长的时间才写出了他的姓名。
The man was barely literate and took a long time to write his name.

然而，还有其他的定义。例如，"素养"还形容某人受过良好的教育，具备写作能力，例如：

他写了一篇文采斐然的专栏来评论戏剧。
He wrote a literate, colorful column and reviewed plays.

素养也可以表示一个人具有一些基本的技能或者对某个主题有一定的知识，例如：

他们想确保他们的孩子具有计算机素养。
They wanted to make sure their child was computer literate.

我们相信这些来自剑桥词典的定义都是正确且有用的。

在评价传统读写能力时，我们可以说某人有"高中阅读水平"或"小学阅读水平"。在描述数据素养时也同样适用。所以我们认为，必须有一个量化指标来评价数据素养的高低。如果没有这些衡量标准，我们就无法在全社会准确衡量个人的数据知识、技能和能力。我们在第 6 章中定义了一个数字公民框架，以便根据不同人对数据素养的需求来提供数据知识。这个框架既简明又客观。

从历史上来看，在过去几个世纪中，人们的文化素养得到了相当大的提升。如图 2-1 所示，在 1820 年，全世界只有约 12% 的人口可以读和写。到了今天，情况刚好反过来了，在 2016 年，全世界只有约 14% 的人口不能读和写。

2.2 数据素养是一个范围而不是二进制度量　　23

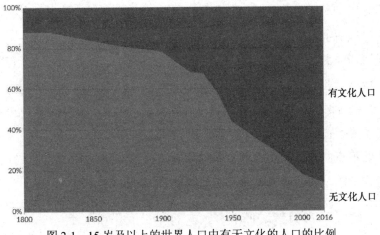

图2-1　15岁及以上的世界人口中有无文化的人口的比例

2.2.2　数据素养是计算机素养吗？

数据素养的一个相关术语是"计算机素养"。人们用"计算机素养"来形容使用计算机、平板计算机和智能手机等电子设备的人。这一术语的应用范围迅速扩展到其他活动，包括文字处理、上网和参加在线会议。试想一下我们如何用计算机素养来描述一个人。

熟悉计算机的人可以打开计算机、平板计算机或智能手机，用它来处理文字、上网、召开线上会议。使用这个定义的问题是，计算机素养起初只反映必要的操作技能。一个熟悉计算机必要操作的人可能不知道设备连接互联网会存在一定风险。黑客可以通过控制我们的计算机来进行犯罪活动，而计算机的主人则在不知情的情况下成为罪犯的代理人，例如自己的计算机通过加入分布式的拒绝服务攻击（denial-of-service attack）来损坏国家的军队系统。但正如我们所看到的，大众往往没有意识到他们的行为使他们面临越来越多的风险。

SolarWinds 软件遭遇黑客事件后，FBI 被授权直接从公共和私人的 Microsoft Exchange 服务中删除恶意软件。这是一个严峻的挑战。

2.2.3　金融素养又是什么？

由于金融行业的协同努力和资源投入相对优于其他行业，"金融素养"的概念得到了行业的一致认同。作为一个典型的定义,"金融素养"是指对金融技术的理解和应用,包括个人财务管理、预算和投资等。

"金融素养"这个术语在行业内得到了很好的理解,并被视为一个有用的社会目标。乡村音乐歌手兼词曲作者 Charlie Louvin 在得知购买舞台表演服装可以抵扣交税时,他说得很好:"它们当然是可以抵扣税款的,但在你从税款中扣除它们之前,首先需要把它们从你的收入中扣除。"

你需要不断提高自己的金融素养,才能体会到 Charlie Louvin 这句话的精髓。与金融素养一样,数据素养也涉及实践和理论两方面。

2.2.4 是类似于学习驾驶吗?

关于驾驶,大多数人的观点是:只知道如何踩油门是无法在公路上行驶的。踩油门是驾驶汽车的必要条件,但不是在公路上安全驾驶汽车的充分条件。要在公路上安全驾驶,需要先充分了解交通规则,并且还必须通过上路实践考试。考试通过则证明该人可以在现实世界中控制汽车。总之,这些考试使政府和人们相信该司机是懂得如何安全驾驶车辆的。

成功通过驾驶考试只是驾驶能力的客观表现,具备这样的能力可使司机受益终身。但这并不是说每个人的驾驶能力是一成不变的——从驾驶素养到驾驶习惯的提高将会使交通得到改善。

从以上案例可知,数据素养的基本要求是了解基本功能(比如数据是什么),并能够利用这些知识保护自己和他人。

2.2.5 数据素养的 5 个等级

> 到 2023 年,数据素养将成为企业价值明确而必要的驱动力,目前已在 80%以上的数据管理、数据战略和变革管理中得到体现。

每个人都产生数据。当今,人们乐衷于分享自己生活的方方面面,但很少有人真正懂数据,而不懂数据则无法预判其行为对社会到底会产生哪些影响。因此,人们可以被分为两种类型,一种是对数据感兴趣和熟悉数据的人,另一种是对数据一无所知的人。

如果第二种人的占比不到总人口的一半，监视资本家是否还能找到他们赚钱的机会？没有足够的人参与，监视资本主义是不可能成功的。提高人们的数据素养将使人们能够更好地实现数据应用和数据资产化，而不是让其他人从中获利。

说某些人懂数据很容易，但证明这一点却是另外一回事。这源于试图精确定义一个术语——数据素养。"数据素养"一般是指能够"解读数据、处理数据、分析数据"。遗憾的是，因为缺乏客观依据，这个规则作为通用的衡量标准是不充分的。因此，人们对自己的数据素养只能进行自我评估，社会没有办法对其进行证实或反驳。这与阅读等其他领域形成了鲜明的对比。在那些领域中，可以通过客观的方法来衡量一个人的能力。

我们相信，证明某人的数据素养并不是一个简单的二元判断：要么识字，要么不识字。相反，我们应该使用客观反映某些可量化维度的范围来衡量数据素养。这个范围从具备数据读写能力到熟悉数据再到具备数据敏锐度，就像幼儿园阶段的孩子只是学习写简单的字，而到了大学要写多页的研究论文一样。

数据素养的 5 个等级如下所示。

- 第 1 级：移动数据传播者（Mobile-Data Spreaders，MDS）具备的数据读写能力。
- 第 2 级：成人数据传播者（Adult Data Spreader，ADS）具备的数据熟练度。
- 第 3 级：知识工作者（Knowledge Work，KW）具备的数据敏锐度。
- 第 4 级：数据教师（Data Teacher，DT）具备的数据敏锐度。
- 第 5 级：数据专家（Data Professional，DP）具备的数据敏锐度。

每个等级有相对应的数据能力。它可以指导我们对某些人的数据能力进行客观评价。另外，这个等级系统还有其他不同用途。例如，它可以帮助雇主精准选择候选人，定制特定的职位描述，并进行候选人比对。

在第 6 章中，我们将在数字公民框架（Digital Civics Framework，DCF）中对这些等级进行更精准的描述。进一步研究这五个等级有助于更准确、客观地反映并提高人们的数据素养和对现实事务的管理能力（数据的价值所在）。

2.2.6 糟糕数据决策的指数效应

有不少决策者因为不懂数据而增大了做出错误决策的概率。不对数据进行全面研究而做出的决定会在整个社会产生一连串的连锁问题。造成这种错误决策的因素是过时的和不相关的数据、缺乏专业的技术知识，以及不尽责的决策者。这些错误的决策导致了低质量的数据和对组织数据资产的滥用。如果组织依赖这些数据资产来进行决策，那么没有数据支持的决策就会显著增加。大多数组织面临的问题是如何打破这种循环。提高人们的数据素养对此有所帮助。

2.2.7 保护你的数据

各种组织都在尝试获取你的数据。你所在的组织的数据也有价值。请确保数据安全，进行备份，并测试备份系统。然而，许多组织会一直要求你免费提供数据。更重要的是，您无法保护您无法管理的东西，而且很显然您无法管理您不知道的东西。

作为一名知识工作者，应该对"数据=价值"的概念有基本的认识。因此，每个人都应是防止别人窃取组织数据的第一道防线。

知识工作者往往能够把一些事实关联起来，比如每周四下午都有网络入侵事件，同时，每周四下午都有一辆红色的汽车停在大楼前面。

除非你是个喜欢暴露数据的人，否则你可以用同样的方法来处理你所在组织的数据和你自己的数据。没有充分的理由，任何人都不应该索要别人的数据。下面是一些可以让你分享数据的充分理由。

- 医生获取病人的病历。
- 告诉快递人员，家里是否有攻击性的狗。
- 在申请信用卡时，银行要求提交收入数据。

以下是一些不充分的理由。

- 床垫公司要求客户提供每次使用床垫的具体时间、使用床垫的人数，以及使用前后的床垫湿度。
- 扫地机器人公司要求客户提供一份数据，其中包含扫地机器人吸尘的每个房间的布局、这些房间的变化,以及扫地机器人清扫的东西的数量和类型。
- 智能温度计公司会定期接收温度计所感知的空间内的音频,因为该公司通常"忘记"告诉客户他们的温度计里有麦克风!

人们和知识工作者应尽可能多地了解数据请求的性质,并合理利用专业知识来辅助决策。不过,他们也应该知道,对于任何数据请求,合理的默认答案应该是"不同意",尤其是对于不间断的数据流请求。例如,利用 APP 跟踪人员位置,App 应当提供 3 种选择:(1)始终;(2)使用应用程序时;(3)从不。如果 App 不提供第 2 种选择就是一个危险信号:为什么即使你不使用它,而这些公司仍需要知道你的位置信息?这引发了诸如 "Facebook 正在监听你所有的对话!" 的传言。当然,授予访问权限仍然会带来后续的挑战,我们应了解这些应用程序收集哪些数据以及他们会如何使用这些数据。

2.3 "数据智能"需要与组织的数据机器和数据矩阵进行交互

人们需要特定的数据能力来与两个日益常见的概念进行交互:组织的数据机器(Organizational Data Machine,ODM)和数据矩阵。

2.3.1 什么是"组织的数据机器"?

组织的数据机器是一个运维过程。像工厂一样,组织通过收集、处理数据(通常和通过其他途径收集的数据一起)来制造出预期的产品,如图 2-2 所示。

图 2-2 组织的数据机器

政府、公司或其他组织运行数据机器。例如,税务机关收集税收和公民信息,处理针对特定账户的资金，并生成更多的征收通知、确认和退款。税务机关可以在不同的地点使用多台计算机，但从公民的角度来看是单一的数据机器。另一个例子是零售店的会员计划，它通过销售获取客户的信息，然后以定向广告的形式将信息反馈给客户。

人们可以通过以下方式与 ODM 进行交互：

（1）输入 ODM 需要的数据；

（2）接收 ODM 的数据输出；

（3）参与 ODM 的创建或运营。

大多数人是以 PIDD 的身份把数据泄露出去的，同时从各种 ODM 那里无意识地接收各类数据。少数人参与数据处理（ODM 的主要操作）的过程，更少数人参与 ODM 的创建和运营。ODM 是由那些以此盈利的人所创建的。

ODM 对社会有巨大的影响，但目前还无法像认证犯罪实验室技术人员或注册会计师一样，对使用 ODM 的人进行标准化定义。因此，低质量的数据成为了 ODM 的原料。这些数据的管理和处理也存在问题，导致无法支撑组织战略的实现。人们为此付出的代价越来越大。这样的情况在我们周围随处可见：（1）不一致的数据处理过程导致相关数据失真；（2）大众没有意识到技术解决方案只占所有数据挑战的 10% 左右；（3）教师错误地教授一些数据知识。

知识工作者参与计划、构建或维护为 ODM 提供系统数据或者处理数据的过程。目前，他们还不是合格的数据管理专业人员，当然我们也不应该期望他们现在是。我们希望这种情况能尽快有所改善。

2.3.2　日益沉重的数据债务

想象一下，当你的邮件每天到达时，你只是把它放在一个篮子里，让它累积几个月；更糟糕的是，所有通过邮政服务的邮件都以这种方式堆积在一个单一的、无组织的篮子里——这就是组织处理他们的数据的方式。

这被称为"数据债务"，表示将组织的数据从当前的非治理状态返回到受治理状态所需花费的时间和精力。自从计算机开始产生数据以来，几乎没有值得信赖的关于如何处理数据债务的专业知识。数据债务的挑战一直存在，导致收集了数万亿字节的数据，但没有以对任何人有用的方式来处理它们。

很多人都有能力处理数据基础设施中的本地化更改,就像大多数人都可以对自己收到的邮件进行分类一样。然而,能够修复被忽视的 ODM 和资源,或重新设计现有 ODM 和资源的人非常少,就像大多数人不知道如何处理整个国家的邮件一样。以严重不合格的方式处理数据或处理质量低劣的数据,其结果可能是毁灭性的。三十年来的错误导致了现有的数据债务,需要大量的维护、废弃和重写,以帮助组织重新处理现有的糟糕的甚至是不负责任的 ODM。

面对不断增长的数据需求和用于捕获数据的设备数量,由于人们的数据素养很低,使得很少有人意识到数据技能的严重缺乏。此外,低数据素养使数据的供应处于一个几乎未知的状态。数据不足和"数据文盲"(大多是匿名的)对组织而言是多方面的挑战。解决这些挑战导致了过多的精力集中在改进业务流程系统上。然而,这种对业务流程的过度关注又导致了数据债务的积累。

由于延迟维护和数据素养缺乏,数据所面临的挑战更加艰巨。为了使数据工作者能更有效地解决该问题,应进一步减少数据债务,缩减冗余、过时、不重要(Redundant, Obsolete, and Trivial data,ROT)的数据量。

2.3.3 什么是"数据矩阵"?

通过数据机器,数据可以而且经常被分析并用于超出其原始收集目的的目的。这些未指定、未知的、复杂的数据交互构成了数据矩阵,如图 2-3 所示。这种形式的数据共享正在发生,比大多数人意识到的要多得多。

图 2-3 n 维数据矩阵

"数据矩阵"这个术语来源于监视资本主义。这是每个终端用户许可协议中"其他方"条款的实际体现,而许多用户简单地忽略了这一点。数据矩阵反映多方协同控制数据收集、使用和传播以产生利润和施加社会影响的商业安排。我们使用这个术语来强调那些超出原始数据交互范围的、大多数人都不知道的交换。

各类企业都开始应用数据来预测和解决客户不断变化的需求，并将分析结果反馈客户。但凡事都有两面性，数据分析也可能被坏人利用，比如数据偷猎者。一般情况下，这些基于数据矩阵的交互并不是为了大众存在的。当这种情况与不易于理解的终端用户许可协议和基本的选择退出偏好相结合时，一个系统会不成比例地影响那些损失最大、同时也最不了解风险的人。这种类型的数据共享比大多数人意识到的要多得多。例如，你的下一份工作的面试官可能知道你一年前拨打了心理咨询热线——所有这些都是通过数据矩阵的力量实现的。

2.3.4 数据矩阵工作原理

数据矩阵的存在是为了让监视资本主义公司获取巨额利益。大家想想他们投资数据的动机。组织本身可能是无形的，它可以占据一个人们了解最少、监管极少的领域。有多少人了解 Experian、Equifax 和 Trans Union[①]所持有的数据的力量？人们需要理解，当他们在互联网上工作时，并不总是与单个组织互动。他们更可能是与数据矩阵在互动——并且按照数据矩阵的方式在互动。另一个典型的策略是，数据矩阵的发起者向终端用户提供难以理解的条款，这些条款是以极其难以理解的方式编写的庞大文件。通常，网站会引入法律条款，导致终端用户放弃数据权利。例如，一家知名公司在其条款中包含了让用户授予公司使用用户信息的许可声明：

> 用户通过任何服务提交内容，即向公司授予可再许可的、全球范围的、免版税的许可，以便在我们认为适当的范围内、以我们认为适当的形式或背景，在任何媒体上或通过任何媒体，并使用目前已知或今后开发或发现的任何技术或设备，托管、存储、复制、发布、分发、提供对用户提供的内容的访问、创建其衍生品，或以其他方式使用等该用户提供的内容。这包括公司复制、显示和索引您提供的内容的权利。公司将拥有它创建的索引。即使您停止使用本服务，我们也有权继续使用您提供的内容，但仅在我们提供和改进本服务的必要时使用。

---

① 译注：Experian、Equifax 和 Trans Union 是美国三大私营的征信调查机构。

一般的用户永远不会注意到这一条款隐藏在晦涩且冗长的段落中的内容。不幸的是,这使得人们成为不道德数据行为的牺牲品。

由于缺乏数据素养,世界各地的数据所有者都可能被数据盗窃。社会正在分为两个群体,"数据文盲"注定会成为 PIDD,为数据矩阵提供支持和贡献。数据矩阵最近通过将窃取数据与合法数据相结合,发布虚假信息和错误信息。数据几乎是免费的、随手可得!

通过数据矩阵交换的数据是无形的、有利可图的,而且没有监管或监督,造成数十亿数据流量(包含文本、移动电话和电子邮件等)被转移、入侵和收集。这些情况使互联网日益令人不安。更令人不安的是,数据矩阵还是虚假信息、错误信息、垃圾信息和垃圾新闻的主要传播者。忽略数据矩阵的最终结果是,作为 PIDD 的人们将继续提供驱动数据矩阵所需的数据燃料。

例如,大多数精心设计的点击陷阱都是为了让读者想要点击链接,尤其是当链接指向他们认为有价值或感兴趣的内容时。这些陷阱是经过精心设计的,可以不断调动用户的多巴胺——就好像上瘾一样。

当我们需要数据的时候,却面对着越来越大的数据海啸。如果数据素养停滞不前,长此以往部分组织将继续收集数十亿不知情的人们提供的免费数据。这些 PIDD 也没有意识到,贡献数据的行为本身也使他们更容易受到来自数据矩阵的影响和控制。

我们必须做更多的工作来解决数据素养和"数据文盲"之间日益扩大的差距。缺乏数据思维导致组织将注意力集中在更容易获利的领域,如软件开发和数据挖掘。以下仅列举几点。

- 很多机构都还将数据资产只当作项目资产。如果不能对这些资产进行有效评估和核算,组织就无法充分利用它们。
- 缺乏数据意识导致组织忽略对数据程序的需求,而只是试图在项目级别管理共享的组织数据资产。
- 数据程序的缺乏导致 IT 支出增加。因此,组织在集成和清理数据或管理远远超过战略工作所需的数据上花费了资源。
- 组织需要通过实施灵活和适应性强的数据架构来为未来变化做好准备。缺乏这种能力也会不必要地消耗资源。

- 我们需要能够高效和有效地支持利用数据资产的组织战略。缺乏对此的关注会导致组织绩效下降。
- 大量的缺少有效管理的数据会导致组织内部复杂性加大。
- 与 IT 项目相关的时间、工作量和风险的增加威胁组织的预算底线。
- 无法在进入生产环境前将灵活性和适应性设计到体系结构中,会导致额外的时间和资金来纠正这种问题。
- 缺乏生成可重用的、以数据为中心的工作产品的能力会导致重复工作,从而降低信息的质量和可靠性,也增加了成本。
- 增加理解数据所花费的时间,相应地减少分析数据所花的时间和成本。
- 缺乏对数据资产的理解阻碍了组织战略中以数据为中心的能力。
- 工程解决方案的确定性效益的降低是不了解组织数据资产的不良结果。
- 最后,也可能是最令人震惊的是,由以上情况导致的组织数据的 ROT 会恶性循环。

换句话说,由于行业专业人员和学术项目都不重视数据技能,我们最终在任何组织中都只有很少的数据从业者。

2.4 本章小结:我们还没有做好数据素养这项工作

下面的数据知识可以帮助你增强对本章的理解。

数据小知识#4
数据素养的概念必须被视为一个范围,而不是二进制。

数据小知识#5
当今世界的大众特别依赖于与 ODM 和数据的畅通互动。

数据小知识#6
组织面临数据债务和低数据素养员工的问题。然而,许多人认为,"网络一代"和"数字原生代"天生就比过去的人们更有技术知识储备。

2.4 本章小结：我们还没有做好数据素养这项工作

尽管年轻一代可能能够用他们的技术"做"更多的事情，但他们可能并未准备好负责任地处理他们的数据。

数据小知识#7
数据在 ODM 之间移动以形成数据矩阵，这通常不是为了大众的利益。

第 3 章　数据过剩

在 2000 年，美国大约有 50% 的成年人不使用互联网，但在 2019 年这一数字已降至 10%。随着越来越多的人使用互联网，了解数据以及和数据相关的风险很有必要。

如果没有对数据的实际理解，互联网用户很可能会在他们一生中的某个时候受到经济上的伤害。同样，这些 PIDD 面临的未来可能是经常受伤，并且伴随他们的一生。我们相信，解决方案是让人们充分了解数据。

在本章的开始，我们分享一个关于一个大型公共组织的故事，该组织最近改善了其供应链和人力资本。我们将简要回顾社会中不断增加的数据交互的经验教训和证据。我们将展示这些数据交互占一个组织的典型 IT 预算的 20%~40%。之后，我们将演示技术如何只能解决部分数据问题。最后，我们将回顾一些其他的经验教训。

3.1　有代表性的经历——在危机中发现不同类型的数据问题

我们想分享一个最近的故事，是关于一个组织如何意外地遇到数据问题的，更重要的是，它是如何在应对一场宣传时出现灾难性错误的。如果一个大型公共组织遇到了我们将要描述的诸多麻烦，想象一下这些麻烦给每个人带来的损失。接下来让我们回顾一下该组织的管理层是如何了解其数据问题的：这个组织有一个旗舰产品，在一次电视直播活动中，该产品突然发生故障，因此公司高层询问了很多关于产品质量控制系统的问题。

当公司调查这个问题时，他们意识到问题的根源是数据。该公司发现，分析问题所需的大部分数据来自其他组织，并且他们需要弄清每个数据的来源。该公司最终对数据进行了逆向工程，进行了数据清理，并使用标签和更细节的语义信息更新了数据。不幸的是，本应是一个相对容易的公关回应却暴露了其内部的混乱和不准确，塑造了不好的形象。

这些数据问题和由此造成的交流混乱直接影响了投资者的信心，结果该公司的市值损失了 10 亿美元。与塔吉特公司（Target）数据泄露事件一样，这场灾难的影响也引起了该公司董事会的高度关注。最后在董事会的积极推动下，该公司通过数据素养的建设，奠定了后续业务的成功。

根据我们的判断，这个组织的经历并非特例。不幸的是，太多的组织经历了大致相同的觉醒过程，但得到的却不是令人满意的结果。

3.2　4 个基本的数据定理

当人们开始更多地了解数据时，他们应该知道 4 个基本的数据定理：
（1）数据量的增长速度会超过组织的处理能力；
（2）糟糕的数据操作会分散资源、降低生产率；
（3）现有的科技和教育方式并未实质性地提高关于数据的基本理解和知识；
（4）数据需要组织和管理。

3.2.1　数据定理 1：更多的数据是一个现实

> 美国国会图书馆在 1800 年创建时拥有 3 900 万册藏书。今天，互联网每秒产生的数据是这一数字的 100 倍！
> ——理查德·斯坦格尔的《信息战争》（*Information Wars*）

关于这个概念，云集成供应商 Domo 的一组插图展示了不同的互联网统计数据，说明了过去几年数据的急剧增长。Domo 每年都会发布一份有见地的信息图表，显示与上一年相比的数据增长情况。

Domo 的研究用一种直观的形式展示了在过去的一年中，人们访问了多少数据和何种类型的数据。为了帮助人们理解这个问题，Domo 对每分钟产生的数据

事件进行了标准化度量。据统计,在 2020 年全年,每一天的每一分钟:
- Zoom 主办了有 20.8 万名人士参加的会议;
- Netflix 播放了 40 万小时时长的视频;
- YouTube 用户上传了 500 小时时长的视频;
- 消费者在网络上花费了 100 万美元;
- LinkedIn 用户申请了 69 000 多个职位;
- Spotify 增加了 28 首歌曲;
- 亚马逊发送了 6 659 个包裹;
- 用户通过移动应用程序花费了 3 805 美元。

互联网数据量以惊人的速度增长。自 2002 年以来产生的大多数数据都是数字化的,而且大部分是最近创建的,增长率或许更能说明问题。以下特征结合起来促进了数据的增长:
- 互联网用户的数量正在增加;
- 每个人的设备数量正在增加;
- 连接到互联网的设备数量正在增加;
- 数据矩阵正在不断地寻找和整合更多关于人们的数据。

任何组织在没有提供管理数据所需的知识、技能和工具的情况下增加人们的数据负担,都是不负责任的。

有一种"信息流行病"正在传播,这是一种"数字疾病":误导性的或与事实不符的信息。在今天,传统的新闻和信息来源几乎消失,互联网成为人们获取知识的重要来源。随着这种变化,潜在的新闻和信息来源将会爆炸式增长。

这些新媒体大多是小型的、重点报道新闻的媒体,但也有一些不是——有些是专门为推动商业等目的而存在的。随着每天越来越多的网站出现,人们遇到事实不准确或不完整信息的可能性增加了,导致了社会上出现不同的言论和思想。

3.2.2 数据定理 2:很少有组织考虑数据交换成本

通过数据矩阵在 ODM 之间传输的数据集就是数据交换。许多数据交换看似是免费的,但这只是因为很少有人知道如何计算它们的隐性成本。不重视数据交换成本会产生巨大的后果。将数据从一个系统转移到另一个系统并不便宜,这是一项复杂耗时的任务，消耗了大量资源。这些成本在几个方面影响着人和组织，最明显的是金钱。一个组织处理数据资产的次数越多，它在人力和机器资源上花的钱就越多。组织处理数据资产的次数越少，组织的效率就越高。如果一个组织重复处理数据，那么该组织必须为每个数据交换分配更多的资源。

为了更好地理解这种关系，让我们回到最初点，回到计算机系统出现之前。在那个时代，富有创造力的人创造出了当时真正具有创意和技术先进性的个人应用程序。例如，大家可以想想大多数组织使用的那些典型系统——它们由不同的应用程序组成。虽然这些应用程序产生了局部最优的解决方案，但缺乏有计划的协调导致标准混乱和僵化的数据交换，从而被局限在预先规划的局部场景之中。结果就是，当时的许多应用程序就是糟糕的数据实践与次优的数据模型的结合。人们开始称这些过时的系统为"遗留系统"（Legacy System）。

事后看来，这些系统的初始架构师们错过了一个为系统注入更高、更有效的标准的机会。如果这些遗留系统的原始数据模型更好，它们很可能会继续存在。然而，很难批评这些发明家最初的努力。

从组织数据中获取更多信息的下一批尝试主要集中于从遗留环境中提取、转换和加载事务数据，包括商业智能、数据仓库和数据湖技术。对这些重复的数据进行修改、优化，直到组织获得满意的结果。遗憾的是，从这个过程中收集到的见解很少对遗留的数据管理环境产生影响。

正如我们的同事 Tom Redman 喜欢说的那样："隐藏的数据工厂成本分散在整个组织中。"大多数人不承认、不负责或不解释这些活动，但是他们必须修复数据缺陷以使其正常工作。我们用一个词来描述这些行为：浪费。我们面临的挑战是如何让隐藏的修复成本可见！这些无组织的、未被承认的和未被解释的操作代表了公司的隐形成本——公司为这些员工支付的工资成本。这是在以无数的方式浪费时间，而不是程序化地解决这些问题。我们之前已经记录了这些隐藏的费用来源，并将在下面描述一个代表性的案例。

公司的员工经常使用"影子 IT"（Shadow IT），这将公司和客户数据置于风险中。影子 IT 使用信息技术系统、设备、软件、应用程序和服务，而无须获得公司 IT 部门的明确批准。随着基于云计算应用程序和服务的采用，影子 IT 近年来呈指数级增长。员工参与影子 IT 的重要原因之一是为了提高效率。RSA 公司最近的一项研究表明，35%的员工认为他们需要绕过公司的安全政策来完成工作。例如，员工可能会发现一个比官方允许的更好的文件共享应用程序。一旦一名员工开始使用它，他们部门的其他成员可能也会这样做。显然，虽然影子 IT 不会消失，但组织可以通过指导终端用户并采取预防性措施来监视和管理未经批准的应用程序，从而尽可能地降低与之相关的风险。随着数据素养的提高，组织试图了解和计算这些个人数据修复工厂的成本。只有当他们分析和理解这些成本时，他们才能构建以全面和系统的方式来解决这些缺陷的系统。

3.2.3　数据定理 3：技术不能解决所有问题

虽然技术可以解决许多问题，但它不能解决所有的问题，这对任何人来说都不奇怪。但当风险很高，人们变得紧张时，他们就会专心于自己知道的事情上：利用技术寻找巧妙的解决方案。尽管人们对技术抱有信心，但这些解决方案并没有实质性地解决人们处理数据的能力和不断增长的数据量之间的差距。这一差距正在扩大，而现有的技术正逐渐达到极限。图 3-1 表示更多的培训仍然关注于如何使用工具，而不是如何使用工具来解决问题。

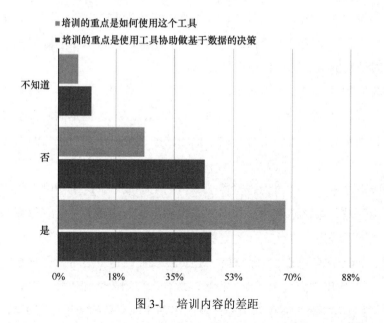

图 3-1　培训内容的差距

人们的数据素养停滞不前，数据债务正在增加，而技术正达到其极限。我们正处于"后大数据时代",迎来了思考和处理数据的新浪潮。组织视这些问题中的大多数为 IT 项目而不是创新项目——并且大多数与其他倒霉的 IT 项目一样,都被归为"未达到预期"的类别。

我们的同事 Randy Bean 进行了一项高质量的年度调查,他反复要求相同或类似的组织量化他们在转变为以数据为驱动时遇到的困难。如表 3-1 所示,多年来一致的结果表明,人、业务流程和文化问题占主导地位——几乎超过 90%!

表 3-1　技术必须扮演一个不那么重要的角色

转变为以数据为驱动时遇到的困难	2018	2019	2020	2021
人、业务流程、文化	80.9%	92.5%	90.9%	92.2%
技术	19.1%	7.5%	9.1%	7.8%

然而,在经过验证的数据实践中,我们需要投入更多资金的最终理由是,我们普遍缺乏数据,缺乏那些用以训练高级人工智能算法的数据。《哈佛商业评论》(*Harvard Business Review*)在 2020 年的一项研究中发现,技术投资是以人为代价来解决流程问题。对我们面临的数据挑战进行诊断很不容易,因为在概念上 IT 系统或流程问题更接近正经历这些挑战的用户,他们会很自然地把接收到的错误信息归咎于其他人,而不一定认为是自己的问题。

3.2.4　数据定理 4:数据需要组织和管理

组织良好的数据会增加其价值。要理解这一点,可以想象一下在没有分页、索引、目录、标题等帮助的情况下,如何从一本书中获得价值——一本书的内容本身可能是有用的和有价值的,但理解它会更加困难。然后想象一下,在你第一次读完这本书之后,试图从书中再次找到一条特定的信息,这几乎是不可能的!

我们的经验表明,组织在糟糕的数据实践中损失了 20%~40% 的 IT 支出。糟糕的数据实践让组织花费了大量的金钱、时间和精力。第一个原因是数据趋向于遵循帕累托定律,即 80% 的组织数据是冗余的、过时的或不重要的(ROT)。甚至有人认为数据的 ROT 比重大于 80%。改进组织数据包括解决数据 ROT,并改进剩余的 20%,使数据变得实用。问题是我们应该消除哪些信息呢?这些统计数据表明,改进组织数据资产的最佳方法是减少公司 ROT 并提高剩余数据的质量。

组织必须将更多的数据标准化，否则数据成本将继续上升。数据标准化是确定数据基础价值的基本方法。如果信息在语义和语法上没有标准化，组织将花费不必要的费用来处理它。若不加以处理，它会增加组织的数据债务，并导致所有过程的成本增加。令人惊讶的是，许多人忽略了这一点，他们经常声称标准化数据需要太多的时间和金钱。我们知道组织在交付方面承受着巨大的压力，我们也知道标准化是要花钱的，但正如俗话所说——你可以现在付钱给我，也可以以后再付钱给我。重要的是，如果组织想要利用他们的系统，组织必须在没有语义争议和混淆的坚实基础上构建他们的解决方案。

为了避免混淆和增加成本，我们推荐两种数据标准化的方法：（1）标准化数据的范围；（2）标准化数据的管理。这两点通常能确定任何给定结果的准确性、可伸缩性和价值。

3.3 本章小结：数据淹没了我们

在个人、组织和社会这 3 个层面，人们正淹没在次优数据和次优数据实践中。应对这一挑战的第一步是确定从哪些方面努力是有效的——我们应该考虑我们人口中比例最大的那部分人。接下来，我们提出了一种数据素养标量化的方法——将其从二进制条件转换为分级概念。通过这些大众化的数据智能"眼睛"，缺乏数据素养的人可以查看组织的数据机器和数据矩阵等概念。通过四个数据定理，我们认识到社会需要不断地努力。然而社会并未开始行动，仍有太多的人是"数据文盲"。尽管如此，更多的由数据得出的经验有助于说明这些挑战的具体规模和维度。

数据小知识#8

90%的美国人上网，这就增加了提高数据素养的重要性。

数据小知识#9

数据和与人们的交互正在不断加深，这对那些不懂数据的人构成了威胁。

数据小知识#10
数据处理的延迟影响着每个人,就像拥挤的交通影响通勤一样。我们必须系统性地认识、解释和解决这些延迟。

数据小知识#11
数据所面临的挑战无法轻易解决,更重要的是,数据债务将需要一些真正的努力来解决。

数据小知识#12
技术只能解决数据挑战的特定部分,另外 90%由人和流程组成的挑战,目前还无法得到解决。

数据小知识#13
无组织和管理的数据就是无用的数据,组织必须标准化数据,否则将面临隐性成本。

第 4 章 目前的方法不能解决问题

我们的教育体系没有对社会进行数据方面的教育。前 3 章介绍的数据管理的重要性应该会让你感到惊讶！在本章中，我们首先描述社会无法管理数据的根本原因，然后讨论目前教育机构和其他组织试图教授数据管理规则的方法，以及为什么这些方法不足以解决社会数据素养的缺失问题。社会必须制定更有效的方法。虽然创建这样一套系统是困难的，但也不是不可能的。一些国家，包括沙特阿拉伯、哈萨克斯坦和墨西哥，已经成功地推出了面向全国学生的数据素养课程。本章将概述一个可以在美国或者其他地区实行的弥补方案。

4.1 大众的数据素养进展偏慢

社会在数据素养方面取得了哪些进展？麦肯锡全球研究院在著名的研究《大数据：创新、竞争和生产力的下一个前沿阵地》（"Big Data: The Next Frontier for Innovation, Competition, and Productivity"）中讨论了这个问题。在这项研究中，麦肯锡建议美国增加 150 多万名精通数据的管理人员。麦肯锡的研究为数据科学运动注入了活力，并帮助产生了 300 多个运筹学、统计学、计算机科学和其他技术性的项目。IBM 响应麦肯锡的预测：到 2020 年，美国将需要超过 272 万名数据和数据分析专家。

我们正在把数据技能作为统计学的衍生品来教授给大众。考虑到今天的数据量和我们处理数据的能力之间的差距，可以说目前的教学并没有跟上需求。数据的存储量每年增长 28%。与此同时，数据分析员的人数仅每年增长 5.7%。

这些新的数据科学项目的出现并没有对数据人才的需求产生任何影响。数据专家的缺乏就像信息安全专业人士的缺乏一样，是一个被广泛认可的问题。社会正在努力创建一个更大的安全专家和数据分析师的人才库，以应对不断增长的数据。然而，这种方法似乎没有什么效果。尽管信息安全行业在 2017~2018 年间快速增长，但招聘网站发布的网络安全工作岗位的点击率却下降了！人们对网络安全工作缺乏兴趣，造成了数以千计的工作岗位缺口。2013~2015 年，网络安全攻击增加了 70%，数据泄露增加了 242%。之所以出现这种情况，很可能是整个网络行业在安全方面的能力并没有满足实际的需求。

我们怎么能指望用目前的方法来解决数据量和数据处理能力之间不断扩大的差距？数据领域的组织化程度远远低于网络领域——后者的规模至少是前者的 10 倍。我们需要迎头赶上，但现在我们需要先考虑如何防止数据分析的需求和能力之间的差距进一步扩大。

令人高兴的是，美国联邦政府一直在跟踪一些数据，如图 4-1 所示，我们可以用这些数据来评估美国的文化素养。美国全国成人素养能力评估（National Assessment of Adult Literacy）组织对 16 岁及以上的美国成年人的识字能力、算术能力和数字问题解决能力进行测试。该组织认为这 3 种能力对 21 世纪的社会和全球经济至关重要。

图 4-1　美国联邦政府跟踪的文化素质率

- 识字能力：理解、使用和适当回应书面文本的能力。
- 算术能力：使用数学和计算技能的能力。
- 数字问题解决能力：在数字环境中获取和解释信息以完成实际任务的能力。

虽然这些都不能衡量数据素养，但它们是有参考价值的。从图 4-1 的数据中得到的基本启示是，从 2012 年到 2017 年，美国人的文化素养几乎没有增长。引用报告中的话来说："从 2012 年到 2017 年，在识字能力、算术能力和数字问题解决能力中的任何一个，成年人的得分都没有统计学上的显著变化。"不进则退，文化素养没有明显变化也就意味着文化素养的倒退。

行业和数据素养

各个组织都在为数据素养的概念而奋斗。尽管组织为数据和技术的投资不断增加，但自我认定为数据驱动的企业比例从 2017 年的 37% 下降到 2021 年的 24%，如图 4-2 所示。

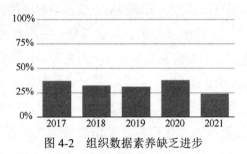

图 4-2　组织数据素养缺乏进步

其他有趣的发现包括，大多数组织都未能：

- 形成一种数据文化（86%）；
- 创建一个数据驱动的组织（86%）；
- 将数据作为一种商业资产（39%）；
- 在数据和分析方面进行竞争（41%）；
- 解决导致数据破坏关键举措的问题（66%）；
- 将其数据工作的范围扩大到部门以外（70%）；
- 让负责数据的领导在 IT 部门之外进行汇报（58%）。

最有趣的发现是，组织自我评估出的数据计划所面临的挑战中，10%是基于技术的挑战，90%是基于人和流程的挑战。最后，Bean 和 Davenport 写道："企业如果真的期望获得有意义的商业利益，就必须更加认真和创造性地处理数据中与人相关的一面。"

然而，非数据人员并不愿意听到或讨论各种挑战和解决方案的复杂性。大多数人也缺乏处理高度自动化解决方案所需的知识背景。这种基础教育的缺乏使得学生没有能力实质性地参与解决方案的开发。由于学校的数据教育不均衡，数据专业人员与其他人的数据知识的深度和认识的正确性各不相同。可以得出结论，大家都是自己学习数据管理相关知识，没有得到教育机构的统一指导。这是一种低效的学习方法，充满了问题。

4.2 根本原因分析和洞察

为了了解这一挑战的严重性和数据债务的浩瀚性，我们提出对所面临的挑战进行根本原因分析。这种以数据为中心的方法需要组织在解决问题的方法上有一个根本的转变。在过去，各组织都有：

- 围绕组织战略生产强大的产品、提供优秀的服务等；
- 在系统和技术上投入资源，帮助他们实现战略目标；
- 将系统实现为硬件、软件、人和数据的组合；
- 在转换过程中，将数据视为事后再考虑的事情；
- 允许不良数据对其他系统组件产生负面影响。

Q1：为什么这么多组织的技术经验如此之差？
A1：因为他们对数据在 IT 中的作用有误解。
Q2：为什么很少有人理解数据在 IT 中的作用？
A2：因为教育系统很少关注企业范围内的数据使用。
Q3：为什么教育系统没有解决这个差距？
A3：因为教育系统缺乏对这个问题的认可。
Q4：为什么系统还没有意识到这个问题？
A4：因为他们对执行层面缺乏理解。
Q5：为什么他们不理解？
A5：因为教育系统很少关注整个企业的数据使用。
Q6：我们应该使用什么来评估进展？
A6：对这一挑战有了更深入的了解后，就可以对多年（而不是几周）的进展进行有意义的评估。

以业务挑战的形式提出的抱怨是针对系统或流程的。遗憾的是，数据在这些挑战中的作用往往没有被充分认识到，或者完全被忽视。相反，补救措施被应用于系统或流程层面，这进一步增加了系统的复杂性和脆弱性（例如，将多个重复的控制系统用于优先边缘处理，而不是通过集中控制来提高效率）。

好数据与好的数据能力

看到这些问题的出现，企业已经意识到获取良好数据的必要性。然而，正如我们在第 3 章中所看到的，对于大多数组织而言，他们拥有的数据多于他们知道如何处理的数据。问题是，太多的数据计划都集中在获取有用的数据上。然而，生产高质量的数据被证明是一项艰巨的挑战，本书只讨论了其中的一部分。

遗憾的是，好的数据只构成了需求的一部分。组织还必须具备以下条件，而我们发现几乎没有组织具备这些条件：

- 组织良好的、质量良好的数据；
- 知道如何使用数据以最好地支持战略的工作人员。

在一个又一个组织中，我们发现遗留的数据环境被当作一个黑盒子。工作人员提取、转换和加载数据到仓库，却不知道接下来数据会发生什么。但他们并没有就此停止。在将数据加载到各种数据存储中之后，工作人员还要开发仪表盘、警报和其他报告技术。这些系统中的许多都运作良好，并且是经过精心调整和设计的数据环境。然而，在我们接触过的组织中，所有的组织都未能把从分析实践中获得的经验反馈给黑盒子，这意味着他们未能提供有价值的反馈回路。组织还没有认识到具有数据素养的员工队伍的价值。

4.3 对现行课程的评价

数据正经历着如此快速的增长，这要求我们重新思考一直以来的情况。我们的同事 Micheline Casey 有一句名言："数据永远不会比现在少！"尽管数据的数量和作用急剧上升，但社会、政治和经济层面却没有做出反应。数据素养不但在高中和大学的课程中明显缺失，而且作为一种商业能力也是如此。数据素养在正规教育中的缺失，导致了聪明但不了解情况的人做出的决定通常不会带来好的数据结果。糟糕的数据结果越来越多地在许多小方面伤害社会。最终，数据超出了我们管理它的能力，对社会造成了损害。

那么，如何才能解决这些问题呢？首先，我们必须了解一个合格的数据科学家是做什么的，而这并不总是那么容易。

Predictive Analytics（《预测性分析》）一书的作者 Eric Siegel 总结了"数据科学家"这个词的一个问题：数据科学是一个多余的术语，因为所有科学都涉及数据，这就像说"图书的图书管理员"一样多余。

此外，"数据科学家"这个词是模糊的。对数据科学活动的很好的改进是增加了第三级限定词。这种类型的限定词表明了所有者所拥有的特定领域的专业知识，如医疗保健数据科学家或精算数据科学家。限定词"医疗保健"代表了对目标从过程到结果的有益重构，并使其更容易推荐到特定的教育和行业中。

数据科学家的定义不明确，且有多种解释，许多人错误地认为他们的主要功能是建立数据库。大学迅速提供向学生展示新技术的工作原理的课程，但这些学校很少教学生如何管理他们的数据。大多数组织还不认为数据技能是就业的必要条件。这种观点是各企业的标准，领导者认为只有在建立新的数据库时才需要数据技能。下列主题实际上是被许多人排除在"数据技能"之外的：

- 数据库迁移；
- 实现一个软件应用程序；
- 安装一个企业资源管理（Enterprise Resource Planning，ERP）系统。

要执行这些任务，员工不需要创建新的数据库，但需要对数据系统的工作方式有基本了解。然而，这些技能经常被排除在教育课程之外。当数据科学家接受到不恰当的教育时，会出现 3 个主要问题。

（1）**他们对所从事的行业不感兴趣**。数据科学家往往不了解雇佣他们的公司。他们更关心的是过程而不是结果。就像许多以技术为重点的职业一样，第一代数据科学家已经证明了他们对算法的兴趣超过他们对帮助组织改善运作方式的兴趣。

（2）**他们的效率不够高**。数据科学家花费 80%的时间来迁移、转换和改进数据。学校可以通过一些方式提升这个比例，比如教授更多的数据管理原则作为核心数据科学课程的一部分；使数据科学家与有能力的、合格的数据管理人员合作，按照每个数据管理专业人员对应 10 名数据科学家的方式。

（3）**他们几乎没有数据管理的经验**。所有的数据科学家都会用帕累托最优来描述他们的工作——我花 80%的时间准备数据，20%的时间做必要的分析。增加对数据整理技术和工具集的熟悉程度有助于提高整体生产力。

4.3.1　2020 年数据整理（准备）市场研究

Dresner 咨询公司的一份报告提供了关于各组织目前使用数据整理方法和技术的一些信息。其中一些要点包括：2020 年，近一半的组织（48.5%）说他们目前的数据准备方法"有些效果"；加上那些报告数据准备"高度有效"的组织（23.7%），总数字接近四分之三（72.2%）的受访者认为他们的数据准备方式有效；其余 27.8%的受访者表示，他们的数据准备方法"有点无效"或"完全无效"，如图 4-3 所示。

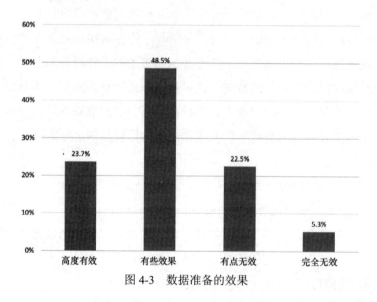

图 4-3　数据准备的效果

总的来说，在自我服务和用户自主性不断提高的背景下，数据准备工作越来越成熟。

大多数（62.4%）的受访者表示他们"持续"或"频繁"使用数据准备。我们无法区分终端用户是否只受访一次，还是重复受访。尽管如此，数据准备的总体使用率还是很高的。如图 4-4 所示，共有 84.4%的人报告说至少"偶尔"会进行数据准备活动。只有 15.6%的受访者"很少"或"从不"进行数据准备活动。

4.3 对现行课程的评价 49

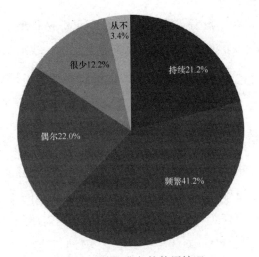

图 4-4 数据准备的使用情况

2020 年，数据准备的平均频率随着组织规模的扩大而明显增加，从小型组织（1～100 名员工）的 3.3 次到大型组织（大于 10 000 名员工）的 4.0 次，如图 4-5 所示。"持续"和"频繁"地进行数据准备的员工占比在大型组织中达到最高（75%），而在小型组织中只有 54%。"持续"进行数据准备的员工占比也随着组织规模的扩大而增加。

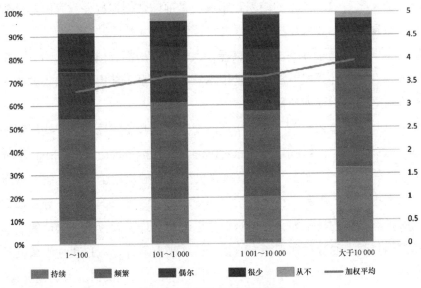

图 4-5 数据准备的平均频率

这种方法并不新鲜。报告"The New Decision Makers: Equipping Frontline Workers for Success"(《新的决策者：为了成功而装备一线员工》)的作者使用"一线员工"一词来关注那些在组织和客户服务之间进行首次接触的员工。这些人包括销售员、护士、空姐、维修工、电工、商店经理、服务技术人员、现场销售人员等。

他们的方法被称为"双面硬币"：赋权和赋能。创建一个赋权和数据驱动的企业有两个关键方面。第一个方面涉及文化的转变。相比追随者，领导者有两倍以上的可能性（51%对23%）认为数据驱动文化是他们组织的企业战略的关键部分。为了使数据驱动的决策在企业文化中根深蒂固，企业需要从等级制度转变为更加分散的工作方式。

4.3.2 弱数据管理基础

> 17%的美国知识工作者表示在主流教育中花了大量时间学习如何在工作场所使用数据，而这个数据在印度是52%。

为什么这么多专业人士没有能力有效地处理数据？数据教育有多种方式，但没有一种能带来有效或高效的结果。相反，目前的数据课程并没有解决基础的数据概念。数据技能，就像算法一样，经常让位于技术技能。

缺乏全面的数据素养并不令人惊讶。大多数方法都有根本性缺陷——将数据开发纳入现有的软件开发方法。这是根本缺陷，以至于获得积极结果的唯一方法是不在项目之间共享任何数据。

今天，数据管理依赖于一些科学、研究、建筑和工程原则，这些原则在大多数科学、技术、工程和数学（Science, Technology, Engineering, and Mathematics，STEM）课程中都没有教授。大多数教育机构没有解决这个教育负债，从而导致了社会的数据负债。因此，很少有学生在毕业时了解本书的内容。导致他们在进入职场时拥有很强的技术能力，但对数据思维和最佳实践没有基础性的了解。通常，那些拥有强大的数据知识和专业技能的人来自会计、流程改进等数据领域以外的学科。在那里，他们学习数据策略，并根据相关的现实情况来调整理论学习。

由于人们没有接受过正规的数据教育，工作人员会把数据问题和 IT 问题混为一谈。因此，人们通常首先求助 IT 部门来解决数据问题。

4.3.3　数据素养尚未被认为是必要的工作技能

因为决策者不知道他们有多需要数据专家，所以教育机构并不注重培养数据科学家。我们所看到的是一种商业化的教育方式，它专注于行业认为需要的东西，而忽略了更全面的教育需求。例如，我们经常看到大学以基础数据概念为代价提供编程课程。由于缺乏任何关于数据及其管理的基础知识，学生在进入职场时没有能力处理繁杂的数据问题。

对于教育机构来说，这种方法在经济上是合理的，而且更容易实现。专注于市场驱动的学术需求也使大学能够沿着选定的业务线优化教育。大学可以专注于高收益的课程，而不必深入到需要批判性思维和正确判断的领域。

4.3.4　现有科学基础

如果学生想了解数据，他们可以去哪里？一个未被充分利用的资源是图书馆的科学读物区域。数据专业人员有两个由专业协会创建的"蓝图"：数据管理成熟度（Data Management Maturity，DMM）模型和数据管理知识体系（Data Management Body of Knowledge，DMBoK）。组织在使用数据之前很少去了解数据。这种事后的考虑造成了所有本可以预防的问题：这种做法的成本更高，交付更少，耗时更长，而且风险更高。当 IT 项目期望数据已经被识别、指定和记录，但事实并非如此时，就会出现这种情况。在程序方面，数据结构必须在任何软件能够正确处理它们之前存在。假设有组织期望重新使用这些数据，在这种情况下，他们必须首先设定数据设计原则，关注数据的重复使用而不是单独使用。DMBoK 提供的信息有利于数据的使用和重用。

4.3.5　不均衡的教学和研究方法

学术界不乏良好的愿望。然而，我们必须承认，围绕数据库设计和技术的教学质量参差不齐。数据库设计从来都不是一门容易教的课程。如果你做过这类专业的教学，你可能已经明白了这一点。即使你懂数据库设计，你也很可能没有考虑过如何向别人解释它。如果你没有做过数据库设计工作，那么你更不太可能胜任这项工作。

以下是高等教育教学中面临的数据管理挑战的 3 个例子。

- **过时的教科书**。教科书为学生提供了需要解决的问题。有些问题有确切的答案，很容易评分和纠正。例如，学生经常被要求计算一个存储磁盘访问数据所需的时间。该问题给学生提供了练习的技术参数：512 字节/扇区，12 ms 的寻道时间，磁盘转速为 5 400 r/min。该问题还指出，该磁盘可以以 4 MB/s 的速度传输数据。从大多数方面来看，这对攻读技术学位的学生来说是一个功能问题。但问题是：现代设备很少使用旋转存储磁盘，它们使用固态存储。
- **不合格的员工**。一个大学生把数据库作业带回家，向家长寻求帮助。这位家长是一位拥有几十年经验的数据专家。令人惊讶的是，这位家长无法读懂作业的说明，于是打电话向我寻求帮助，我也无法理解这些说明。该学生带着一系列问题回到课堂，向教授提问。教授的回答表明，他没有能力教这门课。这一发现促使学生打电话给系主任。系主任没有解决这个问题，而是回答说："我不太担心，因为那位教授几年后就会退休。"在这个问题升级到院长之后，学校替换了这位教授，系主任也陷入了困境。
- **错误的课程框架**。考虑一下学校如何在课程中教授操作的概念。在当今的社会中，我们完成事情所依赖的有目性的东西被描述和教授为包括 5 个部分：硬件、软件、人、流程和数据。数据的增长远远超过其他领域的增长，但它却没有得到相应的重视。

4.3.6 对技术的过度关注

大多数教育项目关注的是技术而不是数据，因为许多人认为技术和数据是同一学科——其实它们并不是。大多数课程都偏向于技术，认为数据是技术的一个子集。这将两个主题混为一谈，使学生和其他人感到困惑。注重技术而忽视数据，导致了我们今天的混乱局面。对数据的关注使得社会在选择任何技术之前必须先提出对数据的需求。

学校将数据管理视为分散在各种学术项目中的技术行业标准和课程的集合。

因此，寻找结构完备的数据管理知识是困难的。而且，正如我们之前所看到的，学术界正在继续培养那些"数据文盲"的毕业生。三十多年来，学术界规定攻读计算机科学、信息系统和计算机工程的学生只需要学习一门关于数据的课程。这门课程没有把重点放在数据上，而是精确地教给学生一项技能，即建立一个新的 Oracle 数据库！具有讽刺意味的是，建立新的数据库是毕业生在工作中最不可能面临的任务。今天几乎没有人从头开始创建新的数据库。大多数人都是在遗留的数据集上工作，在那里逆向工程技能比数据工程技能更有用。因此，当新的毕业生意识到他们需要了解数据时，他们必须在其他地方学习这些知识。

4.4 解决方案是什么？

决策者面临下面的讨论。当然，虽然我们不赞同，但各组织必须对挑战的规模和形式持现实态度。每年都应该对社会数据素养进行测量。一些组织可能会从季度测量中受益。社会必须认识到，当社会数据素养工作的结果被认可时，当前的领导层可能已轮换到其他岗位。

让我们来考虑一个例子。学校的课程计划提出了学生必须知道的信息。具体的课程计划将信息结构化，以形成对该领域的全面理解，并解决组织层面的不同需求。虽然从传统意义上讲是全面的，但大多数课程计划并没有认识到数据和技术在社会中的作用。然而，在学生讨论任何课程计划之前，我们必须首先关注可持续性。

- 如果试图正确地管理数据已经比它的价值还要麻烦……那就停止尝试吧！
- 如果 3/4 的知识工作者认为没有做好充分的准备获取数据来支持他们的任务，并且在数据自给自足/以数据为中心的目标方面，初步测试结果不佳，那么解决这一差距似乎是高度和普遍有成效的！
- 如果有比以往任何时候都多的人在使用互联网，而现有的劳动力尚未拥有所需的数据知识或技能，并且大学/高中仍然没有提供所需的知识/技能，导致目前（拥有数据知识或技能的人才）供不应求，同时数据继续增加，那么我们如何才能通过加入专业的管理来弥补过去所欠下的债？
- 如果以前的扫盲工作无法在共同的定义/衡量标准方面达成共识，那么就需要一个不同的方法了!

在我们的职业生涯中,看到只有少数组织能够持续实现课程计划的目标。继续投资于数据项目的唯一理由是,数据有助于实现对每个课程计划的投资回报。因此,组织至少应该参加年度工作重新校准。

我们将在第 14 章更详细地讨论这个话题。我们相信,没有人公然反对提高人们的数据素养。有一个强有力的商业案例表明,增加对组织数据素养的投资可以提高收入和利润。这些改善的经济效益是第 5 章的主题。

4.5 本章小结:关于数据知识的数量、教育效果和所需的努力

在一个数据和数据宣传大量增加的时代,我们通过调查发现人们的素养停滞不前。可供分析的数据量与社会分析数据的能力之间的差距越来越无法弥合。报告显示,由于对数据的不适应,人们的工作表现受到了切实的干扰。更糟糕的是,这种能力的欠缺现象造成了无法找到数据修复的根源。教育系统未能解决这个问题,使得至少三代毕业生都没有意识到这些挑战的本质。第 4 章的具体数据小知识如下。

数据小知识#14

数据正以一种难以理解的速度增长。然而,当数据素养停滞不前时,人们却无法使用这些数据。更糟糕的是,组织数据素养的情况也同样很差。

数据小知识#15

数据教育可以通过多种方式进行,但没有一种方式能有效或高效地提供结果,这一点可以从没有改善的纵向分数中看出。

数据小知识#16

这个挑战不容易被纠正,更重要的是,数据债务需要一些真正的努力来清理。(同样,需要专业的管理来弥补过去的疏忽)。

第 5 章 提高知识工作者的生产力

我们的社会蕴藏着庞大的待开发潜力，正如数据素养项目所表明的：

> **数据驱动了人们富有生产力的劳动力。** 在数字时代，企业面临的重大挑战之一不是获取数据，而是将数据转化为有价值的信息，使员工做出更明智的决策，提高生产力，提升竞争优势。为了在数据变革中取得成功，企业领导者让员工变得更加自信、更乐于使用数据洞察来做决策。使用数据来做商业决策将帮助企业提升高达 5%的企业价值。

如前所述，"数据文盲"困扰着世界各地的企业和员工。就像在数据安全方面一样，每年进行大量的小规模、重复的培训，可以极大地防止不良后果的发生。本章将诠释如何通过提高数据素养来使知识工作者更快乐、更高效地工作，概述知识工作者应如何准备和使用数据以更好地支撑企业战略。

5.1 什么是知识工作者？

彼得·德鲁克（Peter Drucker）创造了"知识工作者"（Knowledge Worker, KW）一词。今天，它描述了一系列受过教育且技术娴熟的工作者，包括软件工程师、律师和其他必须"靠思考谋生"的人。这些专业人员中的大多数必须考虑数据的输入，并基于对应的流程做决策。因为他们都是高收入人群，在数据素养方面的投资相应比组织内和其他类型工作者的支出高，所以这些工作者具备的数据素养是我们非常需要关注的。

随着数字化的发展，传统的刻板印象让位于不断变化的现实。在过去，人们并不认为卡车运输是知识工作者的职责。但是现在，具有数据素养的卡车司机会取得更大的成功，而且该行业目前与其他知识型行业一样，都具有"靠思考谋生"的特点。卡车司机之所以是知识工作者，是因为他通过车内的持续监控，以及多种视频监控和物联网功能的结合，获得了大量的数据。而作为就业条件，此类工作者必须接受持续监控。

5.2　我们能在多大程度上提高知识工作者的生产力？

研究表明，有十分之一的组织在数据处理方面做得"很好"。这意味着，在现代社会中，90%的组织缺乏基本的商业资源。提高知识工作者的数据素养是提高生产力的关键。我们相信以下做法可以使知识工作者的生产力提高 10%～40%。让我们看看哪些因素限制了知识工作者的生产力。

5.2.1　生产力中由人组成的部分

思考以下关于员工对数据的态度的统计数据。
- 74%的员工表示，在处理数据时感到不知所措或不开心。
- 超过半数的人宁愿做家务（53%）或支付账单（52%），也不愿与数据工作为伍。
- 在 74%的超负荷工作的员工中，有 36%的人表示，每周至少花一小时拖延与数据相关的任务。
- 36%的人表示，他们会找到不使用数据的替代方法来完成工作。
- 14%的人会完全避免数据任务。
- 59%的员工在使用客户关系管理（Customer Relationship Management，CRM）系统时表现出倦怠，在资源规划方面的倦怠为 54%，在使用通信工具方面的则为 63%。
- 14%的员工表示，每天至少有一次在处理数据时感到不知所措，而 50%的员工表示,每周至少有一次在处理数据时感到不知所措。
- 由信息、数据和技术问题导致的拖延和压力,使企业平均在每名员工身上每年损失超过 5 个工作日(43 小时)。

显而易见,这种对数据的焦虑是试图建立数据驱动型文化的组织的真正障碍。我们相信,具有数据素养的员工不会拖后腿——数据素养将有助于减少这种生产力损失。

5.2.2 生产力中由过程组成的部分

但是,仅减少数据焦虑是不够的。组织还必须创建系统和流程,使这些知识工作者在处理数据时可以更加高效。看一份来自麦肯锡的报告,报告中以每年平均工作 250 天,每天 8 小时的知识工作者为背景,通过具体分析发现以下方面。

- 知识工作者只花费大约 10%的时间创造新的知识和内容,却花费大约三分之一的时间对已有知识进行再加工和再创造。这造成每年约 83 天的浪费。因此,我们建议用更高效和更有效的数据检索系统将浪费的时间减少 20%,即每年可节省约 15 天。
- 专业人士平均每个工作日花 28%的时间阅读和回复电子邮件。在美国,一名全职员工平均每天要花 2.6 小时回复 120 封邮件。而通过提高知识工作者的数据素养来减少电子邮件处理的时间,可以减少每天 30 分钟或每年 15 天的时间浪费。
- 大约 70%的知识工作者每天在各种应用程序的使用中浪费 60 分钟。68%的工作者每小时在应用程序之间切换 10 次,当一个系统需要来自另一个系统的数据时,这种切换情况时常发生。我们的目标就是做到将知识工作者每年在应用程序间切换的平均时间减少 5 天。

5.2.3 总结

回顾一下,我们认为具有数据素养的工作者每年可以挽回的工作时间:

- 数据延误导致的 5 天;
- 知识再创造导致的 15 天;

- 电子邮件处理导致的 15 天；
- 应用程序切换导致的 5 天。

总计：40 天！占知识工作者全年工作时间的 15%以上！

我们保守地将每个数字四舍五入，即使考虑到一些环境因素的影响，对节省的预期调整在 10%~40%的范围内。这里采用最低的规模计算，得出的结论是，任何组织都将愿意见到有 10%的生产力提高！

5.3 知识工作者应具备的数据敏锐度

本章的其余部分将重点介绍适用于所有知识工作者的具体细节。已经具有一定基础的读者可能会认为此部分过于重复，那么可以跳到第 6 章。我们已经介绍了一系列必要的数据知识，但对于建立知识工作者所需的数据素养基线来说还远远不够，还应该包括：

- 提高个人数据素养及组织数据知识的各种动机（这只能通过企业的数据项目来实现）；
- 为运行良好的组织数据机器提供数据三明治（data sandwich），尽管这还只是个概念和象征性的目标；
- 一系列主题活动，用以说明知识工作者所需的基本数据知识。

挽回失去的时间需要一些前期工作。所有系统都需要周期性地重新设计，以达到简化系统的特定目标。知识工作者是发现潜在的数据效率低下的最佳人选，当他们提出改进建议时，应该给予奖励。4 个具有代表性的数据概念有助于知识工作者提高生产力，因为每个概念都有助于更快地提供高质量的数据。接下来，我们对它们进行简要描述。

5.3.1 了解访问信息的 ID

组织应如何处理使用 ID（也称为主键）访问信息的过程？知识工作者通常会分享信息、提示和技巧。例如，我们已经多次听过的例子，客户打电话询问自己的账号，我们可以通过他们的电话号码来帮助查找对应账号。这应该是向所有知识工作者提供的数据素养培训的一部分，内容是关于如何使用键（即特定的数据值）来访问信息，以及可以使用哪些关键属性。

发现事实和意义的精确组合通常有两种方法：搜索和索引。这两种方法各有优缺点。员工必须具备在有需要时定位特定数据段的能力。例如，一个团队可能正在讨论在固定的购物地点进行特定购买的细节。团队如果需要获取购物地点的购物清单，他们需要使用唯一的标识符（键）查看在特定时间内的购物清单。许多数据系统需要 ID（授权账户）才能进行个性化的设置与操作。使用者应该了解如何在组织的数据系统内的各个组件上使用这些键。

5.3.2 了解所需信息的重要性

知识工作者需要了解为什么某些数据需要"输入"，即它们不能为空。网站上以红色突出显示的必填字段能够很好地体现此问题。你可能认为不需要填写某些字段，但红色突出显示表示它们是需要响应的数据字段。这种字段有两种类型。第一种类型是一般注释字段，例如，输入一个字符，则该字段不会为空，并且此输入将添加到数据库中。在这个必填字段中，唯一可以测试的是输入了什么。与之不同的其他类型的必填字段则是使用算法来确定输入是否有效，例如，一个字段会请求电子邮件地址，并拒绝不遵循"@something.something"格式的内容。然而，这并不总能确保有效的响应，例如，输入值"thisisnotwhereiwanttobe@googleismackerelfish.com"能通过基本的数据输入测试。但在现实中，这不大可能是一个有效的客户或组织的电子邮件地址！

第二种类型的必填字段通过从菜单上显示的多个选项中选择一个选项来进行操作。原则上建议菜单中初始（默认）选择为空。如果输入字段默认为空，并且限制为非空条目，则用户将检查预设的菜单选项并选择一个。然而，在大多情况下，系统已经做出了初始选择。在默认情况下，用户很可能不假思索地使用系统默认给出的最初选项。

糟糕的设计会导致数据库拥有不恰当的条目名称，例如，条目名称为"FNU"（First Name Unknown，未知名字）和"LNU"（Last Name Unknown，未知姓氏）。避免类似这样的错误做法是常识，但却没有文档会记录这些。例如，我们遇到过将 FNU 作为用户的名字或将 LNU 作为姓氏的文件。在这两种情况下，每次数据输入时,名称都是未知的,为了将数据提交到数据系统,必须在必填字段中输入一个值。更重要的是,许多知识工作者拥有将"FNU"或"LNU"更改为正确值(实际姓名)的能力和授权,然而他们却不知道自己可以做到这一点。

5.3.3 规定地图与模型

作为与组织数据系统交互的知识工作者,可能会遇到"数据依赖关系"的挑战。数据中使用的标准框架很好地描述了这个概念:父子依赖关系。在某些数据系统中,父数据必须先于子数据存在,这是一条规则。在授权任何事务之前,必须存在主数据记录。

5.3.4 数据知识对组织同样重要

COBOL 编程语言对您来说有什么意义吗?该语言在新型冠状病毒大流行期间一度成为一个话题。在疫情期间,美国几个州的失业系统突然面临超过正常负荷 10 倍的计算需求。系统设计人员采用 COBOL 编写程序,并创建能够处理当地需求的系统,以同时适用于人口较少的州的少量需求和人口稠密地区的大量需求。在某些情况下,当系统不能满足数据处理需求时,各州必须弄清楚如何获取修复或替换整个系统所需的必要专业知识。

事实证明,黑客非常擅长利用这些旧系统的漏洞进行欺诈攻击,失业救济的欺诈会导致数亿美元的损失,因此我们对内部系统也要有足够的理解。在许多方面,这些"遗留"系统仍然能够为人所用,这是因为我们有关于这些数据的文档。组织中的数据知识往往保留在那些早已离职的员工的头脑中,他们知道这些数据知识的价值,而组织却没有认识到其价值。通常,组织不重视知识工作者积累的数据知识,并且不认为这是组织的一种资产。这是因为目前人们的数据素养普遍较低。

这意味着什么呢?这意味着不了解数据的员工将无法使用数据来支撑组织战略。他们将无法根据有用的数据做出决策。同样,他们也无法利用数据来改进现有的做法。更重要的是,他们将无法从数据视角来应对新的挑战。

下面的例子展示了好的数据管理的意义。英国化妆品公司 Lush 向其商店经理显示销售额、库存能力和产品新鲜度的数据。这些数据使商店经理能够做出决定,推动其门店的业绩。例如，Lush 给出哪些产品放在一起销售得更好，或者提供更多适合短期促销活动的产品信息。Lush 通过让员工访问关键数据，授权员工做出他们认为合适的决定，以提高盈利能力并减少浪费。Lush 看到了令人难以置信的效果，70%的员工每天都访问该平台，查看销售量和库存信息，并管理自己的业绩。Lush 在为员工提供数据访问的头两年，就消化了 100 万英镑的原有库存，成效明显。

在后台操作中使用人工智能和机器学习等数据驱动技术，对企业来说，也是一个巨大的机会。一个典型的例子是使用预测功能，这是服装零售商长期以来面临的一个挑战。但通过部署人工智能，零售商有可能处理相关数据并快速确定最佳预测。然而，团队必须负责阅读、分析和审查人工智能决定的决策，以确认公司正走在正确的轨道上。

5.3.5　制作更好的数据三明治

提高组织的数据系统运转的有效性是所有知识工作者工作的关键组成部分。当 3 种能力（数据供应链、标准数据资产和数据素养）同步时，数据系统的功能会更好。即便它们是必要但不充分的先决条件，但一定是必要的附加条件，如同盖楼一般，需要由下往上盖起，层层递进。

（1）**客观的知识工作者和数据专家的素养标准**。当在组织层面应用这些概念时，组织就会精通数据。组织可以理解更好的方法，并鼓励员工独立实现数据素养，支持数据供应链方法，而不仅仅是基于工作组的使用实践。

（2）**数据供应链**。这包括与组织价值链相关的数据决策。通过了解数据源、用途和流程，组织可以重新设计其数据供应链的各个方面，以减少所谓的"隐藏数据工厂"所造成的摩擦。只有具备这种数据素养，组织才能为可优化的流程提供标准数据。而且，这一切也需要通过组织政策强制执行来推动。这样可以从工作组或基于项目的结果中获得更好、更可靠、更可预测的结果。一旦满足项目目标，工作组改进方法或数据产品的动力就会降低。当组织设计和实现易于理解的数据供应链时，其数据资产将得到改善。一旦就位，组织将确保它们不会偏离标准，除非通过正式的变更流程。

（3）**标准数据资产**。正如我们需要一种标准语言进行有意义的沟通一样，组织也需要通过传统的数据资产来提取价值。这意味着组织必须变得更加以数据为中心，例如，开始使用基于业务的词汇表或其他类似技术的数据来对数据资产进行文档化。

将这 3 个要素和组织结合起来就可以提高组织创造的数据产品的数量和质量，还可以提高组织使用数据的有效性和效率。

组织要在当今全球化、网络化、环境中取得成功，必须将数据资产视为支持循证决策的原料。因此，组织需要在项目层面为此类工作提供与组织其他的倡议一样的资金和资源。如果随意做这项工作，则其成本和风险会超过标准化企业数据资产的价格。

作为数据标准化的第一个实例，我们以加拿大社会保障体系为例。其挑战在于限制数据所能代表的特征范围。例如，假设一组数据包含了性别信息，标准可以规定数据必须包含且仅包含以下允许值：

- 1 代表男性；
- 2 代表女性；
- 3 代表拒绝提供性别。

该方法使用 3 个值来表示性别。你是否会选用以上这 3 种值来表明性别？如果需要描述更多类型的性别，你的设计将如何改变？在设计支持维护这些数据的数据结构时，必须考虑以上所有因素。

基于数据标准的适当使用，知识工作者查看正确数据字段可以知道此数据符合上述数据标准。当知识工作者看到值"2"时，即知道这条记录属于女性。如果没有这个标准，我们就无法通过编写程序来有效地处理数据。例如，寻找群体中女性的数量。表格关联着表格，表格经过分析和演变，以符合规定的标准。这些任务通常会花费组织很多钱。组织应该增强自身的数据能力，而不是向商业顾问支付高额的咨询费用。

第二种数据标准化发生在处置单个数据项时，通常称为数据记录。例如，标准化可以允许将数据项的默认配置传递给任何被授权的加拿大社会保障系统人员，以显示记录的有关个人的数据。它们可以被命名为 Type-1 记录和 Type-2 记录。在工作组中，知识工作者可以共享这些记录类型及其各自的内容。就像上面说到的，让我们假设两者都不包含性别的信息。最初包含或排除这些信息的决定和原因可能会被记录下来，但更有可能早已遗失了。从追求处理效率到隐私保护，再到极致的追求，正是这些原因推动了数据结构的确定。很多时候，这不是有意为之的。在所有情况下，一旦应用程序的用途是被用来反复访问现有的数据集合，改变现有的数据结构就比改变一个程序要困难得多，更不用说改变多个程序了。

一旦做出了必要的数据标准和数据结构的决策，就很少会对其进行更改。维护和纠正工作通常直接嵌入应用程序中，而不是在数据层面。数据世界由大量标准化程度不同的此类数据和结构组成。使信息符合所需标准的过程往往是在没有充分规划的情况下随意进行的。出于数据体量方面的考虑，我们需要构建一种工程思维，以最大限度地利用数据中的架构性结构。

然而，今天，数据的指数级增长，加上数据标准的使用率低和数据素养水平不足，意味着组织还有大量的工作要做。因此，组织需要立即开始工作，并投入精力，将数据操作从定义模糊转变为规范化、标准化和可预测。正如我们已经说过的，成功实现这一转型的第一步是制定企业数据战略，设计一套从混乱、无序和低效状态向可预测、可控和高效状态转变的计划。

组织的数据挑战是不同的。请注意个人访问权限和管理员访问权限之间的差异。最重要的一个是"遗留（legacy）"，也称为"遗留应用（heritage application）"。我们将"遗留"定义为当前在生产环境中运行的应用程序。遗留应用程序和随之而来的复杂性直接并消极地影响了用户访问数据的速度。例如，当个人使用手机、平板电脑和个人电脑访问信息并进行简单查询时，他们会立即收到结果。然而，当大众试图访问某个组织的信息时，运行一个简单的查询可能需要几天甚至几周的时间。那么，发生了什么？对于个人应用程序来说，很少涉及任何遗留问题。对于组织来说，只有在组织刚起步的时候才没有遗留应用程序。遗留问题通常会阻碍组织从数据中获取价值。请注意，"遗留"一词并不经常用于数据。

此外，当一个组织与其他组织合并，或者只是简单地更新技术时，它们会面临遗留的障碍，这些障碍很容易削弱关键的业务功能。随着这些组织变得越来越复杂，它们准确诊断自身问题的能力也越来越弱。随着时间的推移，复杂和混乱掩盖了真正的潜在问题，并导致专家们相信根本问题是IT问题。无论组织为这个问题投入多少资源,它都不会消失。组织越复杂和无纪律,问题就越有可能类似于 IT 问题。

问题是**数据管理实践没有标准化**。更重要的是,组织很少关注数据质量,而是首先将关注度放在数据分析和技术上。这些尝试的失败率很高,因为组织花费了过多的 IT 资源,而不是在数据资产上投资。组织需要制定并实施易于理解的方向(即战略),以指导数据资产的管理和使用。

5.4　决策过程中使用的数据和技术

技术已经彻底改变了许多工作方式:我们沟通、建立客户关系、衡量成功和决策的方式。然而,这种变化的速度和对用户迅速采用新的工作方式的期望可能会令人难以承受。通常情况下,企业会将技术交到员工手中,并希望他们知道如何使用它,就像有了魔法一样。然而,如果没有适当的培训,员工就无法有效地使用技术来分析数据。

尽管几乎所有员工都将工作中的数据视为一种资产,但很少有人用它来做出决策。只有 37% 的员工在使用数据进行决策时更信任自己的决策。几乎一半(48%)的员工经常根据"直觉"而不是数据驱动的洞察力做出决定。

我们发现,员工在职业生涯的每个阶段都会做出直觉性的决定——在高层职位上更是如此。例如,大约 2/3 的高管、高级经理和董事会根据自己的直觉,而不是数据驱动的洞察力,相比之下,只有 41% 的初级管理人员根据直觉做决定。经验和直觉在商业中肯定会发挥作用!然而,高管们应该有根据事实做出决策的信心。显然,新技术的涌入并没有帮助他们拓展这种能力。

当评估采用新技术的成本时,那些因一时热情采用新技术的过往记录对企业是有帮助的。以 ERP 为例。ERP 是为了响应行业对流程标准化的需求和集成交付承诺而开发的,但由于实施所需的时间长,ERP 在大多数投资回报(Return on Investment, ROI)评估中仍然是失败的。

ERP 的实施是一项颠覆性的技术,但在 ERP 产生收益之前,会先在一段时间内使企业的事情进展得不顺利。在产生收益之前,企业必须处理成本超支、计划延迟和未交付等意外情况。在许多情况下，由于 ERP 而导致的企业生产率下降会持续 5 年或更长时间。

根据 Gartner 给出的评估，鉴于首席信息官的平均任期在 2～4 年，投资 ERP 将是一种令人难以置信的"抛售"，任何倡导这种投资的首席信息官都可能是在为他的继任者的成功而投资！

对于考虑投资的执行团队来说，值得思考的问题是：如果我们在 ERP 上投资 100 万美元，与在额外的营销或其他方面投资 100 万美元相比，生产力会如何提高？ERP 本身并不是坏事。然而，考虑到企业对 ERP 的强烈热情，你可能会认为它让企业在未来投入更多资金。事实证明，ERP 可以帮助组织实现流程标准化，并且当组织能够对接收到的非定制的 ERP 开箱即用，而不是追求定制化的 ERP 时，实施 ERP 会更容易成功。

ERP 投资是 Gartner 广为人知的技术成熟度曲线中的方法的代表。热情采用、不切实际的期望和最终的失望阶段都先于有意义的实施。对数据的关注比任何技术投资都更有助于提高企业战略性地使用数据的能力。如果你雇佣的员工能够明确他们的技术需求，更重要的是，能够使用数据来支持企业战略，那么提高企业的数据素养将更见成效！能够利用这种方法提高生产力的企业将在市场中获得优势。

5.5 本章小结：给知识工作者的一些基础性的数据知识

事实证明，单单提供正确的数据交付方式来改进数据质量和效率是非常困难的。数据素养教育回报最大的地方是关注组织知识工作者。有很多知识工作者生产力低下，可以通过培养员工的数据素养来解决此问题。体现出的成果就是节省的生产力是可预期和可衡量的。预期的投资回报率为 10%～25%。归结成如下 3 个数据小知识。

数据小知识#17

当知识工作者具备正确的数据知识和技能时，他们的工作效率会大大提高。

数据小知识#18
知识工作者应该知晓的一些基本概念包括 ID 标签、数据保护、必填字段及地图和模型。

数据小知识#19
更多的技术并不总是更好的！在采用之前，请考虑长期投资回报率和机会成本。

现在，我们已经理解了数据素养的重要性以及还有多少工作要做，那么我们可以转到第二部分来看一看数字公民框架以及伴随而来的用户数据素养需求。

第二部分

数字公民框架

正如你在第一部分中所了解到的,精通数据的人和永久的无意识的数据捐赠者之间的差距越来越大。因此,越来越多的人成为那些懂得如何利用数据的人欺骗和操纵的目标。

地球上有约 80 亿人口。25 亿人使用移动设备,其中 15 亿是成人移动用户,10 亿是知识工作者。我们认为,这些人都应该具备数据素养,并且能更好地理解数据如何影响他们的日常生活,从而为现代社会做出贡献。我们知道这是一个大胆的预想,也是一个艰巨的任务。第二部分介绍了我们实现这一目标的框架:简化和形式化对公民数据素养需求的共同理解。我们需要将观点传输给数亿公民,使其数据素养对社会产生显著的影响。

数据知识不应局限于技术专业人员。在一个日益数字化和数据驱动的世界中,我们可以为所有公民提供他们所需要的知识。当然,不同公民有不同的情况,因此需要不同水平的知识来履行他们在社会中的角色。我们的方法满足每个层次的需求:

- 任何希望使用移动设备的人都应该通过定期培训满足最低数据素养要求(第 7 章);
- 所有成年的公民都应该通过定期培训达到数据熟练度的标准(第 8 章);
- 知识工作者可以通过定期培训达到数据敏锐度的标准(第 9 章)。

为此,我们还必须培养一批完全合格的数据教育者,以解决不断增长的数据负债(第 10 章)。此外,这项工作应该得到数据专业人员的支持,因为他们对当今的数据存在的问题有更深入的研究(第 11 章)。数字公民框架还应该包括针对较低级别所需的所有知识和技能。

第 6 章　使用数字公民框架教育大众

本章介绍数字公民框架（Digital Civics Framework，DCF）。公民学（Civics）是"一门研究公民权利和义务的社会科学"。数字化趋势不可逆转。这就要求我们详细阐述与数据相关的公民权利和义务。DCF 的具体内容是：
- 在特定的社会背景下，明确界定数据素养要求，强调 5 种关键类型的可客观定义的参与者所扮演的角色；
- 根据 5 种类型参与者各自的属性和能力，为他们分别制定特定的数据素养要求；
- 将 5 种类型参与者的社会角色与数据素养联系起来；
- 告知公民可以将资源集中在哪些领域以提升数据的使用。

不同类型的公民有不同的数据需求。这些需求会随着时间的推移而增加。对于某些人来说，数据需求意味着对数据计算和转换需要有更深入的理解。而对其他人来说，数据需求可能意味着需要承担网购、发布自制视频或评论的风险。接下来，我们通过表 6-1 来描述和说明 DCF。本章最后描述了不同级别的公民数据素养需求的共性和联系。

表 6-1　数字公民框架

等级	角色	行为	产出	影响	工具	目的	网络调查	CDKA
5	数据专家	杠杆作用	观点&创新	社会	经验	进步	专业知识	27~30
4	数据教师	影响	知识工作者	学生	讲坛	掌握	科学知识	23~26
3	知识工作者	增强	效益	社会	自动化	贡献（倡议）	技能知识	18~22

续表

等级	角色	行为	产出	影响	工具	目的	网络调查	CDKA
2	成人数据传播者	塑形	学龄儿童	孩子	指导&课程	支持&不支持	体育知识	10～19
1	移动数据传播者	访问	内容	自己	时间&精力	探索&学习	词汇知识	1～9

6.1 数据素养量表和数字公民框架的参与者

DCF 根据人群对数据和网络的不同习惯和需求将人群分为 5 类，如表 6-2 所示。

表 6-2　5 种关键类型的可客观定义的参与者

类型	描述
移动数据传播者	是指所有使用移动设备连接互联网的人群。移动数据传播者应该具备基本的数据素养，并定期进行强化，这是他们履行其权利的先决条件
成人数据传播者	是指所有使用移动设备连接互联网的成年人。他们需要了解更多关于数据的知识（甚至熟练掌握），这是成为一个有责任心的成人公民的先决条件
知识工作者	包含所有在专业层面与某个组织的数据有关联的人。客观来讲，知识工作者需要在"数据敏锐度"方面达到一个更高的标准，与其对应的招聘需求也应在同一个等级上
数据教师	数据教师应具备一定的数据经验和教学敏锐度，并且能够整合并提出快速满足社会需求的建议并给予反馈
数据专家	是指任何从事数据专业工作并持有相关证书的人。另外，他们应高度遵守道德标准，并为其专业做出积极的贡献

根据预期或实际的数据知识水平，把数据参与者分为 5 个等级。该量表描述了每个参与者的数据处理能力。例如，本书描述的移动数据传播者主要集中于 18 岁以下且缺乏经验的人，他们操作数据、做出正确判断或保护自己免受恶意获取其信息的人的攻击的能力有限，因此他们在表 6-1 中属于第 1 等级。另一端是数

据专家。理想情况下，数据专家对数据有着深刻的理解，并且他们都是处理数据的专家。他们也对自己和其他人如何利用数据发挥优势有着深刻的理解。因此，他们在表 6-1 中属于第 5 等级。

6.2 数字公民属性

表 6-1 展示了 5 种类型的数字公民，"行为""影响""目的"等条目会帮助我们了解各类数据用户的区别，例如他们利用数据所进行的操作，以及他们的动机。这些条目可以组织成一种模式，用以清楚地表明一个参与者采取的行为，会产生一定的结果，影响一部分人群，其目的是完成某事。每类数字公民都可以使用这种模式来使得对他们的描述更详细。

角色（ ）→行为（ ）→产出（ ）→影响（ ）→工具（ ）→目的（ ）

- 角色：使用数据的个人。DCF 从广义上描述了这些角色的特征，以说明所有与互联网相关的用户群。
- 行为：角色在社会中执行的与数据相关的主要活动。
- 产出：由角色的行为导致的结果，或角色对社会贡献的产品/数字输出。
- 影响：角色与数据相关的行为是如何影响自身和他人的。当整个社会中的角色相互作用时，他们会对彼此产生积极或消极的影响。
- 工具：角色影响社会的主要方法。
- 目的：角色使用数据的主要原因。

综上所述，统一模式的描述以及公民属性的分析，为我们提供了诊断和理解数据素养问题的方式，并为数据素养提供了补救措施和计划。

6.3 跨层次共性

除了每个群体的个人特征和目标，我们的分析还进一步描述了两个属性：行为焦点和道德视角。关于这些属性的讨论对我们每章中描述的公民数据素养需求有重要作用。

6.3.1 行为焦点

每个群体的行为焦点可以被描述为个人或组织。两个较低等级（移动数据传播者和成人数据传播者）主要关注他们自己的网络行为，而另外3个较高等级则关注组织和组织之外的个人行为。DCF的"示例"部分描述了有代表性的用户在线参与的活动类型。考虑到不同的人群上网的方式各有不同，对于许多移动数据传播者和成人数据传播者来说，上网只是一种娱乐形式。然而知识工作者可能想通过这种方式提高自己的技能。数据教师则可能会关注与其职业有关的各个方面。专业和组织方面的考虑更容易影响那些依靠专业数据技能谋生的人。

任何人都有可能影响其他个人的数据行为吗？从法律角度来看，答案是否定的，除非个人自愿签署一项或多项行为准则协议（如雇主要求的协议）。此外，我们当然不能直接规定人们如何去处理他们的数据。然而，我们相信，随着数据素养的提高，个人将在更大程度上实现自我监管。

6.3.2 道德视角

数据本身没有好坏之分，然而，人们可以根据自己的喜好对其进行选择、编辑和修改。人们也可以出于道德和非道德的目的使用数据。例如，人们可能会被过时的统计数据或从少数或偏僻地区的人群中提取的统计数据所影响。人们还可能利用数据来迷惑他人。例如，"在已经减半的价格上再减价25%"这句话是什么意思？含义和七五折一样吗？因为数据可以通过各种方式被操纵，所以公民和组织都必须以负责任和合乎道德的方式使用数据。

移动数据传播者和成人数据传播者都应该尽量使自己免于被别人愚弄。"数据文盲"最容易成为那些欺骗和操纵人们的资本家的目标。数据矩阵喜欢"数据文盲"，因为他们更容易被愚弄和操纵。我们不指望人们会把注意力放在除自己和家人以外的其他事物上。更重要的是，我们不能强迫他们站在别的立场思考。我们更不能要求公民去遵守与权利冲突的行为准则。个人自由就是这个概念的体现。

第3～5等级的角色都有避免欺骗其他人的道德义务。因此，与公民个体相比，他们更有可能明确地勾勒出什么是负责任的道德行为。组织将会越来越多地采纳这种道德行为，并会要求员工履行与数据操作有关的准则。这些有约束力的雇佣协议和行为守则（Code of Conduct，CoC）规定知识工作者在使用数据时应该遵守数据使用协议和道德规范。

同时社会也将对数据教师和数据专家级别的人有额外的道德要求。数据教师将会是数据专家认证和筛选过程中的重要组成部分。因此，社会将通过内部开发的 CoC 来管理这些人。认证和筛选过程需要结合同行绩效评估和及时的反馈循环才会奏效。尽早建立这一基础性制度很重要，因为我们相信数据专家很可能会细分为具有实践层面道德认证要求的特定分组。需要指导的其他原因包括：

- 公开和透明的个人信息管理；
- 匿名和假名；
- 个人分类信息的收集；
- 处理不请自来的个人信息；
- 收集个人信息的通知；
- 使用或公开个人信息；
- 直接营销；
- 个人信息的跨境公开；
- 采用、使用或披露政府相关标识符；
- 个人信息的质量；
- 个人信息的安全；
- 个人信息的获取；
- 个人信息的更正。

有几个因素可能促使组织将其数据道德规范的程序正规化。一个组织与人工智能的接触越密切，就越有可能关注数据的伦理问题，就像谷歌在 2018 年通过提高对人工智能的关注度来响应员工的"要求"时那样。也可以像苹果公司所做的那样保护其客户的数据：

> 隐私权是一项基本权利。在苹果公司，这也是其核心价值观之一。个人的电子设备在生活中都扮演很重要的角色。在个人来看，你想分享

> 什么，以及与谁分享，都应该由你自己决定。我们设计苹果产品是为了保护您的隐私，让您可以控制自己的信息。这并不容易，但这正是我们所提倡的创新。

组织并不一定会一直遵循他们制定的道德准则。然而，组织对道德准则的关注使得知识工作者对数据伦理问题有更多的理解，这些知识工作者正是需要在元数据处理过程中识别不良行为的那些人。他们知道将无害的个人数据努力组合成可供组织使用的数据有可能违反了既定的组织惯例。

纵观美国历史，员工一直在接受测试，看他们是否会支持企业的不道德行为。这些测试现在也扩展到了对不道德数据行为的评估。未来，人们可能越来越多地被无良企业雇佣来愚弄或操纵公民。我们认为，这些数据专业人员应该客观并（高度）熟练地使用数据敏锐度来保护所有公民。例如，假设一名员工观察到公司违反用户隐私协议，员工应该有权对此采取行动！

用于分析和理解道德的基本概念包括以下方面。

- **责任**：接受由决策而导致的潜在成本、职责和义务。
- **问责**：用以确定责任方的一种机制。
- **负债**：允许个人（和公司）赔偿由他们造成的损失。
- **正当法律程序**：法律是广为人知和被理解的，并且拥有向上级机关提出上诉的权力。

参与者的基本道德准则暗示了他们的偏好。

- **黄金法则**：己所不欲，勿施于人。
- **伊曼纽尔·康德（Immanuel Kant）的绝对性定律**：如果某项行为不适合每个人，那么它也不适合任何人。
- **笛卡儿的变化法则**：如果一个行为不可以重复进行，那就根本不应该去做。
- **功利主义原则**：采取能够实现更高或更大的价值的行动。
- **风险规避原则**：采取造成的伤害或潜在成本最小的行动。
- **道德上的"没有免费的午餐"规则**：除非有明确的说明，否则我们假设所有有形和无形的物品都有一个拥有者。

所有组织都有责任去考虑由开放数据研究所（Open Data Institute，ODI）开发并在本书附录 C 中总结的数据伦理画布等问题。

6.4 数据对话

在个人层面上，我们可以设想每位移动数据传播者都应尽量从负责任的成人数据传播者那里接收关于数据的知识。然而，我们预计，接受该指导的人数与那些从父母那里获得"鸟类和蜜蜂"知识的人数不相上下。根据历史记录，预计这种方法不会取得显著效果。

我们编写了一系列最终会成为常识的数据故事。

要让公民重视他们的数据素养，需要让他们经历一些个性化的和令人难忘的事情。我们希望下面的两个故事就是这样的。

难忘的故事#1：把你的系统备份交给我，我会将它恢复的……

在我们刚进入职场时，每个老板都会给我们每个人一台计算机，并提醒我们要做备份。在这台机器使用了几周后，设备上的硬盘驱动器莫名其妙地出现了故障。老板要求我们提供最新的备份。如果我们忘记了备份，老板就会通过一场令人尴尬的对话让我们吸取教训。我们可能都有过类似的经历，因为这种方法对提醒员工记得计算机备份来说是很有效的！

难忘的故事#2：信任测试

第二个相似的共同经历涉及一种设备，美国警察用它来提醒人们在车内时要系好安全带。操作时要求潜在的或实时的驾驶员坐在该设备的椅子上，同时还要系好安全带。该设备在滚下斜坡后，会以 8km/h 的速度撞到全停杆来模拟轻微碰撞。此后，任何经历过安全带测试的人在使用安全带时都提高了警惕。因为 8km/h 的车速引发的碰撞足以令人不适，所以许多人认为应尽量避免这样的碰撞。不难理解，一旦人们经历过一件事，那么这件事的教训很可能会影响他们一生。

我们不倡导欺骗也不喜欢强迫，但这些共同的经历的确暗示了一种有效提高数据素养的方法，即必须明确阐明提高数据素养的意义，并为公民提供提高数据素养的具体方法。因为公民有了意识才会付诸实践。

6.5 公民数据知识领域（素养需求和应对措施）

我们提出的公民数据素养知识领域（Citizen Data Knowledge Area，CDKA）旨在加强每个角色对行为和道德的关注。通过将一些特定的弱点确定为教育应该去解决的目标，每个 CDKA 都将被作为一个组织的指导原则。CDKA 的目标主要是降低 DCF 在操作过程中的复杂性。这些问题将在本书的剩余章节中讨论。我们为这些 CDKA 提供了可参考和可重复的情景。

我们用可以成为标准和容易参考的术语来表达这些 CDKA。这种简化减少了提高普通公民数据素养所需的资源。CDKA 为那些不懂数据的人提供一些简单的故事，帮助他们确定数据素养对他们个人生活的重要性。每个 CDKA 由成对的需求和响应组成。

6.6 本章小结：一个明确的问题

问题的定义一直是一个挑战。数据需求是客观和可验证的需求。更深入地了解我们作为公民所面临的挑战是重要的第一步。

第 7 章 移动数据传播者

> 社会上有一种误解,认为1983年后出生、被称为"数字原住民"或"网络原生代"的这代人,天生就具备科技能力。这种误解已经导致工业界呈现出人与人之间明显的技能差距,因此必须被纠正。
> ——James Manyika 等人的文章 "Big data: The next frontier for innovation, competition, and productivity"

目前有 25 亿人都随身携带着一种极其强大的计算设备,它既可以持续获取世界上累积的大部分知识,反过来又可以几乎不停歇地向世界知识库中增加知识。事实上,这些设备如此强大,以至于恶意软件可以在用户不察觉的情况下,轻松劫持其富余的算力来做其他事。

当然,我们说的就是智能手机和平板电脑,我们称这些公民为移动数据传播者。移动数据传播者必须具备一定的数据素养,以便操作他们的移动设备。但是,也必须确保所有能将设备连接到互联网的人都至少具备移动数据传播者层次的数据素养。

当然,所有 25 亿移动设备用户都归属于移动数据传播者这一大类。但从本章的目的出发,我们重点关注那些 18 岁以下未成年的移动数据传播者。

虽然一些法律规范了儿童参与某些互联网服务的行为,但移动互联网的便利性促使移动特权的"适当性"越来越低龄化。我们相信,这一趋势将继续下去。

由于移动设备拥有远胜于过去的计算能力和对快感的放大能力,每个拥有这样设备的年轻人都拥有了即时享乐的能力。太多时候,在赋予年轻人这样强大的能力时既没有任何条件约束,也没有经过必要的交流,更没有考虑他们的知识和能力。甚至，这些用户往往可能还是"数据文盲"。

本章详细阐述了移动数据传播者的特点，以及他们所需的数据知识，以避免在互联网上被别人愚弄或操纵。本章也为成人数据传播者提供指导和建议，以帮助他们的孩子提升数据素养。

7.1 移动数据传播者概述

角色：移动数据传播者拥有超强的创造力和获取高质量数据的能力。与我们介绍的其他4种角色类型相比，移动数据传播者非但没有被技术吓倒，反而更擅长信息获取。他们精通最新的网络数字化用语，还能按照想法利用技术为自己服务。他们有渠道且专注，还有充足的精力、时间和创造力。他们将这些资源用于探索和学习各种领域。例如，可以在YouTube上见证众多青少年音乐天才！此外，他们可以使用远比我们年轻时更多种类的媒体。如今的年轻人不再局限于AM或FM广播，他们可以通过观看他人上传到网络上的视频来了解任何事物。

然而，能够使用电子设备并不等于具备了数据素养。移动数据传播者几乎没有现实社会的经历，而且幼稚、不谙世故、未经训练。因为他们有一定的可支配收入，又拥有大把空闲时间，还容易陷入群体思维，所以他们正是那些四处窥视的资本家的理想目标。因此，他们需要社会的保护，以免受大量寄居在互联网上的数据掠夺者的侵害。

行为：我们将"网络冲浪"视作移动数据传播者的"模因"（meme）[①]。移动数据传播者通过社交媒体浏览大量数据，依靠社会结构来传播和获取信息。重要的是，流行的互联网应用的演变速度往往会领先于管理动作（如来自父母和老师的监管）。如果单纯限制数据访问的权限，会威胁普通移动数据传播者的重要数据价值来源，使他们怨声载道。

影响：移动数据传播者总是通过社交网络进行交流，分享新的数字内容。许多内容被认为并不会产生太大的价值；然而，互联网公司后来开发出将内容变现

---

① 译注：模因（meme）是指一种文化或行为系统的元素，可以被认为是在语言、观念、信仰、行为方式等方面通过非遗传方式（尤其是模仿）由一个人传递给另一个人。

的方法。因此,移动数据传播者创造出一个全新的市场和社会潮流,并形成了稳定的商业模式。例如,较早的移动传播潮流之一就是流行至今的自拍。通过那些有"商业赞助"且具有互联网影响力的人,这项年轻人的娱乐活动演化出新的商业形式。后来,这些具有互联网影响力的人又将图片分享发展到视频内容的分享,建立了各种各样的话题。

产出:移动数据传播者创造了大量的数字内容,例如自拍、推文和视频。他们会迎合其他数据传播者的喜好创造新内容。虽然表面看来,许多人会认为这些内容是毫无价值的数字碎片,但在非法数据访问者眼里也可能成为黄金。

工具:移动数据传播者使用社交媒体相关技术。不断提升的软件和算力帮助移动数据传播者探索大数据、数字化连接的世界,浏览那些充满吸引力且敏感或者可能存在危险的互联网内容。另外换个角度考虑,对这些移动数据传播者的行为的关注也可能会成为另一种非法的数据侵入,即观察某个人的行为并设法施加影响使行为发生改变。可怕的是,移动数据传播者也经常设法逃脱父母的监管,这样很有可能在网络隐蔽的危险之处被犯罪分子引诱利用。

目的:移动数据传播者主要使用互联网进行娱乐和社交。移动便利性更促进了他们自主的网络探索。根据 iOS、Android 移动操作系统的屏幕时间控制功能以及家长反馈显示,目前已经有了一些对数据素养的培养目标和能力方面的要求。

数据敏锐度:移动数据传播者几乎不了解数据,数据素养的水平也处在非常基础的层次。对于他们而言,技术和数据是一样的。也就是说,移动数据传播者所具备的能力还不足以区分技术和数据,导致他们很难将互联网数据与现实生活中的危险联系在一起。对于移动数据传播者而言,隐私概念并不存在,所以他们会在不清楚后果的情况下共享个人信息,比如可能为了获取某些极具吸引力的内容就在网络服务中随意提供个人隐私。类似地,未成年人会被限制参与某些互联网活动。然而,移动数据传播者通常会绕开这些限制。他们的数据敏锐度还很低,需要在符合最低限度的保护标准基础上确保他们的安全。

伦理道德:从道德角度来看,移动数据传播者和成人数据传播者都要避免被愚弄或操纵,但问题是难以掌握这背后的企图。根据定义,移动数据传播者对于与数据世界交互的过程是个初学者。他们必然会遇到类似隐私政策和数字化购物等新问题。我们必须让移动数据传播者始终保持警惕以防被人欺骗。也就是说数据行为必须是完美的、无懈可击的,这是因为你的对手往往只需要一次机会!

行为焦点:移动数据传播者(和成人数据传播者)只关注他们自己。太多的移动数据传播者只会从自己的不幸中吸取教训,而不会从别人的教训中吸取经验。这是很低效的。如果没有更高的要求(来自专业或雇主的要求),移动数据传播者和成人数据传播者通常都会选择他们认为最合理的行为,却难以从一个更大的全局视角中思考自身所扮演的角色。

7.2 将每位移动数据传播者与一个负责任的成人数据传播者进行匹配

显然,我们无权强制 25 亿移动数据传播者及其家人在网上的行为。但是,提高移动数据传播者这类人群的数据素养,是我们必须努力实现的目标。一种切实可行的方法是为每位移动数据传播者至少找一位负责任的成人数据传播者(Responsible Adult Data Spreaders,R-ADS)。

理想情况下,每位移动数据传播者在浏览互联网时,都应有一位负责任的成人数据传播者的陪同。一种好的方式是在家庭成员间开展定期的数据讨论。成年人应该主动与未成年人建立起这样的沟通渠道:像一个团队一样坐下来讨论某个数据话题,这有助于在家庭中建立起这方面的共同语言并提升家庭整体的数据素养。移动数据传播者和负责任的成人数据传播者之间对这种沟通方式的需求尤其强烈。

随着移动数据传播者逐渐认识到上网的方方面面,我们建议首先每周进行一次正式的讨论和学习。当数据素养提高后,每月讨论一次是合适的。重要的是,这些讨论消除了在一旦需要时总会出现的"我们从未讨论过它"的问题。定期交换有关新数据输入来源、访问尝试、新特性和功能的信息,既能提供信息又有趣,分享数据故事可以为未来利用数据讲故事的技能提供有趣的基础。虽然这点超出了我们的控制范围,但这的确是一个有助于充分利用全社会力量的潜在工具。作为一个起点,我们敦促负责任的成人数据传播者将设备设置为仅联系人模式,并向他们的移动数据传播者教授此功能（在我们介绍 CDKA02 时会详细介绍）。只有通过这些讨论，我们才能找到一个合理的替代方案，而不至于落入网络数据的深渊，浮沉不定。我们在附录 A 中总结了有用的此类对话类型。

7.3 移动数据传播者的数据知识领域（需求和措施）

我们提出了公民需了解的 9 个特定的数据知识领域（Citizens Data Knowledge Area，CDKA），作为授予移动设备访问权限的先决条件：
- 限制和解锁附加功能；
- 通信协议——仅限联系人；
- 保护数据；
- 识别可信数据；
- 紧急协议和应急手段；
- 设备数据功能；
- 数据请求的适当性；
- 平衡便利性与监控；
- 克服不良的互联网行为。

我们将在本节对其逐一介绍。我们无法强制执行这些条件，但希望全社会能够团结起来，向成人数据传播者施加"同侪压力"（peer pressure），以使他们向未来的移动数据传播者指明应该掌握的知识和技能，作为解锁移动数据传播者进一步数据能力的先决条件。我们提供了一些建议的练习，可以帮助成人数据传播者传授这些经验。

7.3.1 CDKA01：限制和解锁附加功能

需求：理解在设备功能（例如通讯录）中增加访问入口的原因和规则，理解解锁附加数据功能与良好的访问行为的关系。

措施：对定期扩展的交互应用的类型和质量进行量化评估。

就像驾驶技巧一样，我们必须从一开始就养成良好的数据习惯。因为我们关注的是客观行为,所以让移动数据传播者正确起步很重要。我们已经强调了移动数据传播者和负责任的成人数据传播者之间定期对话的重要性。此类对话的一个重要组成部分是理解持续的良好行为(由负责任的成人数据传播者定义)等同于持续的设备使用,因为这证明了移动数据传播者在不断提高自身的数据素养。同样重要的是要意识到,初始设备的功能是有限的——类似于自行车上的"辅助轮"。如果根据设备跟踪记录,移动数据传播者保持了良好行为,设备就可以解锁更多的能力。

理解"权力伴随着责任"是成长的一部分:成年后你就可以开车了,但你有责任安全驾驶。这同样适用于数据传播设备。我们建议家庭每周召开一次会议,检查网络连接请求次数、通讯录使用和联系人增长情况、屏幕利用时间、每周花销等。这些会议应作为纪律检查点,以教育家庭中的移动数据传播者和成人数据传播者。参与者应利用会议审查所有材料。当每个人都对这些概念感到满意时,参与者可以放松日程安排,改为每月或每季度开一次会。如果小组增加了新的家庭成员,他们可以回到更紧凑的日程安排,并专注于基本的数据素养概念。会议中还可以包括其他主题,例如,数字消费、特权以及应用内购买,保持和获得更多数字功能,数据安全的脆弱性,以及保持现有和解锁其他数字功能的标准。我们还建议家庭讨论年度数据消费、数据计划和数据使用情况。在整个过程中,家庭应该关注数据,而不是他们使用的技术种类。还可以讨论的问题包括,断掉有线网络,并将家庭和移动数据计划结合起来以减少费用支出。

练习:切实奖励每年在数据消费上节约最多的家庭成员。

7.3.2 CDKA02:通信协议——仅限联系人

需求:理解向其设备添加访问权限的原因和规则——例如,向联系人列表添加条目。

措施:解释和实施"仅联系人模式"——客观地审查向联系人列表添加条目的请求的性质和类型。

在过去,你接电话时会问"你好",因为你不知道谁在打电话。今天,对不明来电的默认态度应该是怀疑。想想你已经听说过多少电话诈骗案了,如果只是因为被骗者不知道来电者可能会在诈骗过程中改变他们的行为,那么如果我们能首先提醒他们，再鼓励他们仔细检查一些骗局说辞，那么有很多诈骗案是可以避免的。

很快，我们被许诺将会采用基于 STIR 和 SHAKEN 协议的来电显示认证技术，以便在被叫方的设备上能安全地确定主叫方的身份，否则设备将不允许接通电话。设备的此类功能更像对讲机，而不是拥有许多可选项的电话。

现在，我们的设备有阻止来自设备通讯录以外任何人的任何通信的选项。理论上，移动数据传播者配备的设备应该只能接通预先批准的联系人的电话，不能接通陌生电话。将手机设置为"让未知呼叫者的来电静音"。启用此设置后，除非呼叫设备的号码已存在于设备通讯录中，否则所有呼叫都将被阻断（设备用户并不会收到通知）。如果想让你的设备接通你母亲的电话，那么你必须在你的通讯录中正确地记录她的号码。当然，启用此设置后，来自技术支持、快递物流等的所有呼叫都会直接转到语音信箱（如果启用）。你应该已经理解了这一场景。是的，移动数据传播者需要了解这些设置，或者让他们的设备设置是可控的（比如 iOS 中的家长控制功能）。要清楚地了解多长时间应该检查一次设备中的联系人，以及哪些类型的人可以被添加到他们的联系人中。

设备已经先进到可以创建一组固定的联系人。你可以使用该设备筛选出所有未列入白名单的人输入的数据。只有出现在设备用户通讯录中的人才能与设备交换数据。父母可以设置移动数据传播者的设备拒绝除爸爸、妈妈和兄弟姐妹外的任何人的所有数据输入（文本、电子邮件、电话）。这种安全设置为年轻人学习如何使用他们的新设备创造了安全和有用的"辅助轮"。

作为数据素养培训的一部分，负责任的成人数据传播者还须向移动数据传播者解释此功能：如果你要联系的人不在你的通讯录中，你就不能和他们交换数据。移动数据传播者可以获得向联系人或通讯录添加条目的权利。这还可以促使移动数据传播者仔细维护联系人数据，以与他们的朋友保持联系。

关键是成人数据传播者必须具备一定的数据素养才能找到这组功能并学会如何使用它们。如果你是"数据文盲"，可能都不会考虑尝试限制与你关联的移动数据传播者。"数据文盲"不知道如何配置自己的设备来抵御那些四处窥视的资本家的侵扰。

试想一下，如果系统可以检测到一个新呼叫者并警告被叫方，人们就可以避免很多骗局。系统可以在来电显示中提醒"来电者是陌生人",还可以建议被叫方仔细检查一些诈骗说辞。我们即将拥有这样的一套解决方案[①]。很快,人们将能够使用已验证过的来电者身份的 ID 进行安全通信。如果来电者没有已注册的 ID,那么系统将不允许他们与被叫方通话。

练习:查看一位移动数据传播者的完整通话记录,并与其讨论由于"仅限联系人"设置而导致的各种未接来电。

7.3.3　CDKA03:保护数据

需求:具备使用设备提供的功能保护数据的能力。这包括使用强密码、密码词组[②]和设备加密。

措施:设备已通过强密码和指纹或面部识别等生物特征进行加密和保护。

将设备和它所包含的数据视为等价物是非常重要的——它们是一体的、相同的。丢失设备就是丢失数据!既然你的设备可以用作汽车的"钥匙",那么移动数据传播者就必须明确了解,如果不注意设备的下落,会有多少风险。丢失手机将意味着任何找到它的人都可以使用汽车、住宅和关联的资产。有必要以设备为中心(即设备功能)引入基本的数据安全原则:机密性、完整性和保证性(Confidentially, Integrity, and Assurance,CIA)[③]。

该设备是花钱买来用的,又为用户提供了使用和购买的能力,并且用户会养成经常使用该设备的习惯,因此它必须是安全的。保障设备数据安全的措施包括密码、门锁、访问凭证,以及交通工具和房屋的钥匙。

这里最好的办法是鼓励设备制造商提供严格指导,使用户了解并鼓励其使用设备的安全功能。默认情况下,设备制造商应选择采用强安全措施。仔细评估一

[①] 译注:此处的解决方案即前文提及的 STIR/SHAKEN 协议。美国联邦通信委员会要求在 2021 年 6 月 30 日之前使用这些协议。加拿大广播电视和电信委员会要求在 2021 年 11 月 30 日之前使用这些协议。目前 STIR 协议已比较成熟,但 SHAKEN 协议的实现方式还存在不确定性。

[②] 译注:密码词组(passphase)是英文单词的组合,用在计算机系统、软件或是数据的存取控制上。密码词组在使用上类似认证用的密码(password),但密码词组的长度更长,安全性更高。

[③] 译注:这与业界通常理解的信息安全三要素——机密性(Confidentiality)、完整性(Integrity)、可用性(Availability)不完全一致。

般的介绍或入门过程，可以确定需要围绕哪些实践来开发、审查和尽可能广泛地提供学习资料。这既会给新的安卓设备购买者留下关于如何保护设备的良好信息，又会给人留下软件开发背景信息，为实现数据安全提供动力。所有这些关于安全的教学资料都应该在各种语言中提供和维护，这样就没有人需要再做这些基础工作了！

这个 CDKA 中，包括理解这些无须额外下载或维护的设备功能的优势和劣势。除了密码，这些设备功能还包括加密、面部指纹识别、密码管理器、"储物柜"等。尽可能鼓励使用密码词组。了解你的设备与数据之间的关系。了解用于访问和控制家庭和工作场所的设备的风险。我们越来越多地使用移动设备来解锁家庭、办公室、车辆等。良好的数据安全能力只有在学会并形成习惯后才能达到最好的效果，就像孩子们学会了在开车旅行时必须系安全带后，就会在余生中一直系好安全带，因为这个行为已经变成了他们的习惯，碰上了就会自动执行。形成良好的数据安全习惯也会产生相同的预期效果：在使用设备时，会自动利用设备上可用的安全功能，并知道设备的"安全"程度。

但物理设备并不是唯一需要注意安全的东西。我们还必须保护设备上的数据不受黑客攻击。

练习：寻找过去一周内媒体发布的关于数据失控的故事。针对这个故事，基于数据观察报告，讨论数据失控之后可能出现哪些类型的坏人。

7.3.4　CDKA04：识别可信数据

需求：对于接收到的数据或向他人发送的数据采取防御。怀疑是规则，相信是例外。

措施：培养通过可信方法访问可信数据的习惯——客观地审查设备连接并扫描恶意软件。

遗憾的是，只要连接互联网，就不可避免地会受到某种程度的窥视。终端用户许可协议（End User License Agreement，EULA）[①]几乎无法阻止这种情况（主要是由于条款中包含"其他"一词），并且阅读它们并不一定能提供有关你共享

---

① 译注：EULA 是软件开发人员或供应商与软件用户之间签订的法律合同，详细规定了适用于软件使用的权利和限制。

的数据会发生什么情况的有用信息。学会在被监视和享受便利之间权衡取舍是一个很好的习惯，即使在很小的时候就应如此。每个人都必须做出这些取舍，目标是学会通过健康的方式使用这些应用软件。移动数据传播者应该学习以下内容：

- 允许应用程序访问各种设备功能（例如，地理位置、音频/视频端口、通讯录等）；
- 定位发出数据请求的应用程序的可靠来源；
- 在发生不可避免的错误后进行恢复。

这里有一组不同的概念。其中一个非常重要的概念是安全网络。如果使用公共系统，那么你的操作行为必须与在私有网络上有所不同。例如，在公共机器上输入密码或存储用户信息时，你要格外小心。这类似于你在家里和公共场合的行为应有所不同（就像我们妈妈过去常说的那样）。因此，必须将移动数据传播者的设备设置为仅能访问允许的（已列入白名单的）网络，并将此限制的重要性作为经验的一部分传授给移动数据传播者。为了教会移动数据传播者这个概念，可能需要将当前最显著的威胁例子真实地呈现给学习者。可以围绕以下方面设想学习目标：

- 理解浏览器连接；
- 加密能完成什么，不能完成什么；
- 特别是要避免上当受骗。

这些目标可以每年进行更新，就像每年更新网络安全意识一样。

另外一个概念是可信数据，或者叫可信信息。你怎么知道你看到的就是你认为的？你怎么知道该相信什么服务，或者何时何地该分享私人信息？如果这里面有任何怀疑的余地，那么就不要扩大信任的范围。

要明白，踏入移动互联网世界需要立即了解可信数据的概念。可以从授权网络访问和一些概念开始，例如，为什么该服务的数据是免费提供的？用这些数据还能做什么？我们必须把这些概念灌输给新手。让年轻人形成防御性的默认思维模式，将帮助他们质疑所有类型的数据请求。这里的讨论还必须包括对适用的法律法规的理解。移动数据传播者应该很好地了解在家庭之外还存在哪些治理结构，以及这些治理结构可以提供哪些类型的概念边界。

7.3 移动数据传播者的数据知识领域（需求和措施）

区分可信数据和可信地点的概念至关重要。你可能无法知道，你所看到的和你以为的数据是否相同。因此进一步了解可信数据和可信数据源之间的区别将变得至关重要。在恶意软件流量如此普遍的情况下，人们不应假定他们正在打交道的人真的就是他们所期望的人。

对于每个试图添加或者连接到一种新设备类型或是实例的请求，都应进行防御性的处理。应定期清理你的"已知"网络连接，并主动扫描恶意软件。

当移动数据传播者进入网上社区时，互联网公司会用不同类型的数据访问请求对他们进行"轰炸"。移动数据传播者必须制定处理这些请求的统一方法。如果随机地回应数据请求，没有明显规律或回应数据缺乏理性，那么有些应用程序能正常工作，而另一些应用程序就不能正常工作了。需要一个通用方法帮助移动数据传播者快速识别和评估数据请求。互联网公司会不断向移动数据传播者提出数据访问请求，针对其制定一个具体的回应框架至关重要。该框架将使移动数据传播者能够识别常规请求并快速回应，也能够在客观地审查了那些需要权衡取舍的数据请求的性质、类型后，再进行回应。例如，我们知道目前有些移动数据传播者对数据共享采取了"不在乎"的态度。事实证明，那些使用共享社交媒体密码进行求职申请的人，很可能由于对数据共享缺少兴趣而求职失败。今天，我们对不明数据请求的默认态度应该是怀疑。

练习：每周与负责任的成人数据传播者进行一次讨论，聊聊在互联网上新发现的内容，并适当扩展对其的初始信任。讨论可能可用的新连接类型。展示每周的恶意软件扫描结果。每周与一个成年人进行一次对话，讨论本周有哪些应用程序向移动数据传播者请求了信息。

7.3.5　CDKA05：紧急协议和应急手段

需求：具备辨别何时应在家庭或团体范围内使用紧急协议和应急手段的能力。

措施：有识别和响应应急协议的能力——客观地进行家庭范围内的测试并评估结果。

不好玩，但非常有用。学会在各种情况下正确地使用这些能力才能拯救生命。检查紧急协议和应急手段，建立家庭紧急联络计划，并定期练习。

为应急通信和紧急情况开发并练习使用设备内置的特定协议。许多设备支持紧急呼叫协议。有的设备支持如果在两分钟内拨打两次电话，"免打扰"设置就会失效。在紧急或非紧急的情况下"自动切断服务"都非常有用。通过拨号、GPS等进行紧急呼叫时，数据设置可能会有帮助。

在你的设备设置中，可以为"免打扰"设置两类特例。第一类是基于联系人的——你可以选择让特定联系人的来电总是响铃。如果你不能错过某个特定联系人的电话，自动接通就很有用。第二类是基于频率的——你可以选择接通重复呼叫（如定义为 3 分钟内同一人的第二次呼叫）。如果紧急情况下，有人非常需要联系到你，这类特例就可以帮助你应对紧急情况。如果令人遗憾的紧急情况确实发生了，设备可以在不同条件下提供足够的支持。可能是：

- 用一个开关将设备静音，防止设备引起注意；
- 通过预先确定的敲击顺序，联系执法部门（如连续 3 次敲击特定按钮）；
- 发送位置提醒；
- 拍摄和发送照片；
- 录音并传送，视频直播。

练习：想一想学校里开展的"消防演习"。这类演习经常开展，就是希望学生们在真实的紧急情况下能清楚地知道该怎么做。在家里也应该采用相同的原则——利用通信设备和信息技术，常态化进行数据应急演练。

7.3.6　CDKA06：设备数据功能

需求：掌握并能够操作设备数据功能，如从自动备份中进行恢复设备。

措施：了解设备（包括云）功能的使用，演示从备份中恢复设备的能力。

学习如何了解你的设备。了解设备有哪些功能，不用太多去记住它们，等到需要使用这些功能提供的特定方法来处理不适当的数据请求时，再进一步深入了解。

设备更换成本、数据更换成本、数据存储成本，许多不同的特征共同构成一个设备。只要知道你的设备可以用现有存储空间录制数小时视频，就足以推动移动数据传播者注意数据安全了。

移动数据传播者应该能够描述设备的最近一次备份，能够从现有备份中恢复数据，能够了解应用程序都要求使用了设备的什么功能（例如，Facebook 的应用程序想要访问你手机的麦克风）。备份是最容易理解的例子，设备的数据功能还可以进一步扩展到病毒和恶意软件防护、设备搜索优化、无线共享和操作系统提供的其他特定功能。

移动数据传播者应客观地展示他们使用这些设备功能的能力。设备具有许多数据管理功能。存储已被优化为更快（10 倍）的、基于闪存的存储器，可通过多核处理并行访问。移动数据传播者应了解并充分利用设备的底层数据功能，例如数据存储和数据检索。

移动数据传播者还必须知道，应检查设备的软件和恶意软件病毒防护是否为最新版本。显然，负责任的成人数据传播者的定期检查，可以帮助和鼓励移动数据传播者形成这种习惯。负责任的成人数据传播者还可以组织友好的讨论，以决定由谁来负责测试安装。遵守这样的家庭软件升级计划，能够确保不会出现因为所有家庭成员都下载了恶意更新从而使得他们的设备被同时破坏，进而导致家庭成员的通信都失灵。

练习：利用备份实现完整的设备恢复。

7.3.7　CDKA07：数据请求的适当性

需求：对设备提出的各类数据控制请求具有自主操作权。

措施：对一系列特定请求能做出适当的响应。

本书的核心概念之一是：在处理数据请求（在移动数据传播者/成人数据传播者层次）和一般数据时，最佳方式是要么默认"选择加入"，要么默认"选择退出"。

让我们看一个例子来了解"选择加入"和"选择退出"行为之间的区别。在美国大部分地区，选民登记是一种"选择加入"行为：公民必须采取行动填写一张表格才能登记投票。然而，有些州有一个自动选民登记系统，所有符合条件的人都会被自动登记，除非他们采取特定行动"选择退出"。

"选择加入"和"选择退出"方法的选择代表了社会的基本决策，对于数据决策尤其重要。例如，一个单位除了通常的数据控制和维护外，还可以共享白名单，允许受信任的个人之间不受限制地交换数据。这一点很重要，因为一般来说，当你授权他人访问你的设备上的某些数据时，你实际是授权他从今往后都能访问。

移动数据传播者应该具有的底线是：谨慎地授予他人访问你的设备数据的权限。假设访问设备功能的权限被授予了足够多的应用程序、网站和组织，你的设备的电力消耗就会明显加快。在这种情况下，设备花了太多的算力来满足数据请求。因此，打开应用程序、访问网站、玩游戏等任务就会变慢，从而需要不断购买和租用功能更强的机器。

甚至将之称为"数据请求"也是不准确的。在大多数情况下，它是不是更应被称为"请求以不确定的时间和不确定的规律，永久和持续地从你的移动设备上接收不确定的数据资料"？

数据请求听起来像是一次性请求。例如，"你的密码是多少"或"请给我看看你的脸"。**大部分数据请求都是为了尝试实现不明目的的数据采集流**。向被授权的请求者分享你的密码，和告诉一个通常是未知的实体，让他们有权使用你的设备的电池和算力，将你的未知数量的数据永远发送给他们，这两者之间的区别是巨大的！然而，同样的请求涵盖了两个极端。

当移动数据传播者同意了一个请求的数据流（比如"点击"）时，通常很难判断你的设备电池是否也正被用于向未知服务器发送位置查询（location ping），而且可能会每分钟发送很多次。很难判断你的电池是否还能像以前那样为你的设备供电，因为许多数据监视行为会以未经请求的活动加大你设备的负担。

我们需要改变成人数据传播者目前对各种事务的看法，改变我们的观念，将这些事务视为数据事务。当然，有些数据事务是必要和有益的。例如，最好让银行在向你传递余额信息之前要求你输入密码。你手机上的单一品牌的零售应用程序似乎没有理由需要一直知道你的位置。这是一种不合理的数据请求。你只是愿意分享你的位置信息，而零售应用程序想要捕获的是与你位置相关的所有数据，包括你授权应用程序获取的任何其他数据，如你的通讯录内容，你过去发送和接收的信息，你的电子邮件，等等。

我们需要重新构建我们对数据访问的看法。

字面请求：你在哪里？

实际含义：我想知道你要去哪，你什么时候去，走多快，以及相关的各方面信息。

7.3 移动数据传播者的数据知识领域（需求和措施）

> 针对数据访问请求，可能的回应至少应该包括"否""仅在应用程序打开时"或"始终打开"，而大多数选项只有"是"或"否"。

在确定和验证了数据请求的"可信度"以后，"适当性"是对其的另一个评判标准。当应用程序或个人请求访问数据时，用户必须了解请求的性质并（对移动数据传播者而言）应在授予访问权限之前寻求帮助。在盲目地对数据请求说"是"或"否"之前，每个人都至少应该想到用搜索引擎查询一下这个请求。

随着移动数据传播者成长为成人数据传播者，他们必须在内心逐渐形成一以贯之的方法来应对这些风险。如果将全部请求都授权通过，那么大量繁重的数据请求将扼杀设备的性能。请记住：每次数据请求和数据传输都会被记录下来，从而产生额外的开销。我们应该遵循一定的程序来处理大多数请求。

作为数据教育的一部分，移动数据传播者必须开始理解一个数据请求是否合适。这些请求将越来越多地成为移动数据传播者生活的一部分，并将越来越多地伪装成无害的请求。定期开展有关哪些应用程序正在请求哪些数据功能以及为什么请求的对话，可能是了解更多关于应该同意或拒绝哪些数据请求的最佳方式。这样做的目的是通过与负责任的成人数据传播者的一系列对话，将数据与安全关联起来。

数据请求一般可以分为两类，一类来自应用程序或组织，另一类来自个人用户。

（1）来自应用程序或组织的数据请求

互联网上的行动者一直在用请求访问系统、软件和工具的新消息轰炸移动数据传播者和成人数据传播者。随着这些请求不断增长，软件程序收集了大量的个人数据。但这些网站很少返还或销毁这些个人信息；相反，他们保留这些信息并将其用于其他目的。许多网站和软件应用程序故意让注册人弄不清它的使用条款；这些条款术语的可读性引发了无数的抱怨。很多人认为这些协议过于复杂且故意混淆，并且有不少例子可以支持他们的说法。例如，软件程序经常要求访问似乎与其无关的系统功能，如摄像头。通常情况下，软件程序并没有明显的需求来访问摄像头。尽管用户不了解这些请求的后果，但他们还是顺从地给它授权了。然后会发生什么？不同的软件程序可能运行方式不同。但如果恶意软件获得了许可，**那些恶意软件就可以在用户毫不知情的情况下扫描照片、旅行文件和支付信息**。同时，像信用卡信息、代金券和其他财务信息等数据也容易遭受风险。

现代系统刚刚开始认识到这个问题，并采取措施防止它们发生。例如，新系统限制了外部渠道和参与者；智能系统使用黑名单来标记恶意网站，并可以在需要时使用程序化工具阻止软件程序访问系统服务。然而，不道德的数据收集者一直在对系统的防御边界进行试探，也使得系统需要不断调整防御策略。

组织可能也会请求确认密码或其他个人可识别信息（Personal Identifiable Information，PII）。信誉良好的组织已经对知识工作者进行了培训，使他们不会对客户提出不恰当的要求。如果移动数据传播者能够识别出适当和不适当的数据请求之间的区别，他们就能够更好地快速识别数据面临的新威胁。

（2）来自个人用户的数据请求

社交媒体的兴起以危险的方式重新定义了关系。通过将你的数百个联系人称为"朋友"，社交媒体鼓励你积极分享个人动态。毕竟，当你在特定地点享用美食时，你肯定会与现实生活中的朋友分享。但是，将这些信息分享给你只在某次聚会上见过一面的朋友并不总是明智的。

当你有很多人脉时，你可以影响他们，而你最希望他们做的事情是基于行为的，也就是订阅、点赞、购买和投票。**注意：这 4 个选项——订阅、点赞、购买和投票——都涉及数据的请求和交换**。就像来自设备（应用程序）的数据请求有适当的和不适当的一样，关键意见领袖（Key Opinion Leader，KOL）们的不同声音也可以极大地影响那些能产生结果的行为。注意到亲子（以前是基于家庭的）功能是如何被归入这个人数更多的社交群体的吗？在将这种通过网络影响他人的行为纳入行为准则之前，还是只能由接受者来辨别那些试图影响他们的行为是否适当。

练习：设计数据"骗局"来加强群组或单位内部的数据健壮性和弹性，就像奈飞公司（Netflix）的 IT 部门会使用"混沌猴"（Chaos Monkey）[①]来让他们的技

[①] 译注："混沌猴"（Chaos Monkey）是 Netflix 于 2011 年发明的一种工具，用于测试其 IT 基础设施的弹性。它通过故意禁用 Netflix 生产网络中的计算机来测试剩余系统如何响应中断来工作。Chaos Monkey 现在是名为 Simian Army 的更大工具套件的一部分，旨在模拟和测试对各种系统故障和边缘情况的响应。"混沌猴"这个概念在安东尼奥·加西亚·马丁内斯的《混乱的猴子》一书中有解释：想象一只猴子进入"数据中心"，这些服务器"农场"承载着我们在线活动的所有关键功能。猴子随机撕开电缆、破坏设备。IT 经理面临的挑战是设计他们负责的信息系统，以便系统能够在出现这些猴子的情况下工作，尽管没有人知道这些猴子何时到达以及它们将破坏什么。

术操作具有弹性一样。这些字面意义上的"猴子"会在系统内四处游走，破坏那些通常被认为是稳定坚固的东西。这成功地使奈飞公司的知识工作者"强化"了他们的数据和流程，以应对随时发生的威胁。在团体内部主动尝试开展欺骗演练，将提高整个组织对数据掠夺者的防御能力。

7.3.8 CDKA08：平衡便利性与监控

需求：能够评估便利性与监控之间的关系，并且能够使二者达到平衡。

措施：通过支持明确目标的方式快速响应共享请求。

设备具有许多数据管理功能，如数据存储和数据检索。移动数据传播者应安装并理解数据限制技术。我们甚至可以说，所有移动数据传播者都应该配备一个（软件的）"转发器"，以表明这个设备属于移动数据传播者，应被数据收集者视为禁区。

基于这些转发器，诞生了一个全新的数据实践类别。现在，我们要求设备根据情况确定各种连接和请求是否是负责任的和有效的。想象一下，如果数据收集者哪怕向移动数据传播者的设备提出一次数据请求也会被罚款，那么收集数据的行为将会发生怎样的改变。

下面来说明设备已有的日志能力及其扩展，请考虑以下两个场景。

场景#1 设备日志文件

1. 汽车行驶过程中设备被拿起
2. 手动输入密码和电话号码
3. 操作者中断了电话
4. 汽车停止
5. 开始录制视频

场景#2 设备日志文件

1. 通过语音命令激活 Siri
2. Siri 呼叫电话号码
3. Siri 中断了电话
4. 汽车停止
5. 开始录制视频

假设警察拦下汽车询问。在这种情况下，场景#2 的日志文件可以提供关键证据，使驾驶员免于交通传票或其他后果。手机记录了其执行的每一个动作，但人们通常必须采取积极的行动才能访问这份有价值的、随事件进程同步产生的记录。

移动数据传播者需要理解，任何事情一旦触网，就会在互联网上留下痕迹。能够从网上找到每个人在某个特定年龄时留下的资料，会从根本上改变社会。理解即使用户删除了数据之后那些数据仍然存在，这将使世界上的"汤姆·布雷迪们"[①]不再尴尬，因为他们会发现他们发布的每条信息、每个表情符号、每张图片、每个音频文件或视频的副本都会被复制到某个云服务器上，而这些日志将记录下发生的所有事情。

有趣的是，很多人已经忘记了他们的设备是一款功能达到超级计算机水平的优秀计算器。此外，移动数据传播者应该考虑他们的设备可以为他们提供的巨大可能性和有用的工具。除了设备的这些功能，那些用于监控和跟踪个人信息、元数据、广告、便利设施、地理围栏和设备/系统日志的应用程序和扩展程序也很有意思。

要了解存在深度伪造技术，其目的是欺骗个人，例如伪装成妈妈发过来要求输入她的密码的消息。

练习：检查数据共享功能的有效性和设备访问权限。

7.3.9　CDKA09：克服不良的互联网行为

需求：了解互联网上可能发生的不良行为。

措施：对互联网行为做出客观合理的响应。

移动数据传播者需要了解什么是不良互联网行为。（这可以与对"不良行为"的更广泛讨论相结合。）应该对互联网的黑暗面开展自我教育，在遇到纠缠、骚扰、

---

① 译注：汤姆·布雷迪是美国国家橄榄球联盟（NFL）坦帕湾海盗队（2020 年 3 月加盟此队）的美式橄榄球四分卫。2015 年，NFL 着手调查爱国者队（2000~2020 年汤姆·布雷迪效力此队）在上赛季美国橄榄球联合会冠军赛中使用的橄榄球，这些球被发现低于联盟规则规定的压力水平。NFL 要求汤姆·布雷迪交出他的手机，据称他手机上有关于泄气球的短信。但汤姆·布雷迪销毁了手机——NFL 认为此举旨在消除与他有牵连的证据。最终，NFL 给予汤姆·布雷迪禁赛四场的处罚。

7.3 移动数据传播者的数据知识领域（需求和措施）

跟踪、点击诱导和网络欺凌的时候，知道它们是如何构成的，应该如何避免，以及该如何应对。还需要向移动数据传播者介绍版权法，这样他们以后就不会再问"我可以吗"，而是问"我应该吗"。

我们没有足够的篇幅去全面讨论社交媒体，但在这里列出"O'Reilly 原则"（O'Reilly Principle）[1]，把它作为将我们的想法纳入非强制性在线行为准则的起点。

- 承担责任——不仅是对你自己说的话，还包括你允许发表的评论。
- 标注你对辱骂性评论的容忍度。
- 考虑清除匿名评论。
- 忽略恶意挑衅的评论。
- 线下对话，直接交谈——或者找一个能这样做的中间人。
- 如果你知道谁行为不端，告诉他们。
- 不要在网上说那些你不会当面说的话。

O'Reilly 原则对于移动数据传播者来说可能有点多，所以应该试着让他们了解适用于网络和现实生活的"黄金法则"[2]。在向移动数据传播者介绍社交媒体时，最好一并对连接数量、使用时间和财务责任方面的限制提出要求。当人们意识到一种能力不免费时，如果他们能立即对自己的相关活动进行优先级排序，就会变得更加有用。比如，如果只能用 30 分钟手机，那么在想做的众多事情中，你能够很好地完成哪一件？我们将在 CDKA10：管理在线声誉中讨论对成人数据传播者的具体约束。

练习：每周让参与讨论的人提出他们见过的最糟糕的互联网行为案例，并描述在那种情形下更好的处理方法。

---

[1] 译注："O'Reilly 原则"（O'Reilly Principle）引自 Tim O'Reilly 于 2007 年 5 月 31 日在其博客上提出的"Blogger's Code of Conduct"，要求博客作者采用统一的评论审核政策，主要是回应当时网上出现的对博主 Kathy Sierra 的威胁的争议。Tim O'Reilly 是著名的 O'Reilly Media 公司的奠基人，曾提出并推动了 Open Source 和 Web 2.0 两个概念的流行。

[2] 译注："黄金法则"是指"you should treat others the way you want to be treated yourself"，也就是"己所不欲，勿施于人"。

7.4 本章小结：教育未来的人们

本章描述了 25 亿群体的共有特征。这些特征是推导出他们共有的数据素养需求的基础。我们详细说明的 9 个 CDKA 构成了一个客观的对数据素养水平的描述，我们认为这些是年轻人使用"网络超级计算机"应具备的先决条件：
- 保护属于你和他人的数据；
- 理解有些数据值得信赖，有些数据不值得信赖；
- 在被监管/便捷性之间有效地权衡取舍；
- 理解设置"仅联系人可连接"背后的原理和激励措施；
- 能在演练和真实紧急情况下实施应急方案；
- 正确利用设备数据操作功能；
- 正确地评估特定的数据请求；
- 识别和应对不良的互联网行为；
- 通过解锁附加的设备功能/服务/带宽，实现特定的可验证的"良好"行为，成功展示你的数据素养。

如果你无法达到这些能力水平，非常坦率地说，我们都会希望你远离互联网，因为你将成为恶意行为、恶意软件和网络攻击的目标。无论身在何处，身为"数据文盲"的你都会受到威胁。

第 8 章　成人数据传播者

全球大约 15 亿成人用户在使用连接到互联网的移动设备。我们称这些成年人为成人数据传播者,这里更强调"成年人"这个概念。

"成年人"强调公民权利和义务的统一。例如,在美国,公民必须年满 18 岁才能在联邦选举中投票,或者年满 21 岁才能喝酒。许多国家认为能参与这些活动,代表一个人已经成年,可以在社会中承担应有的责任。同样,我们认为一个成年人必须明白该如何使用自己的数据,以及在与其他成年人互动中产生的数据。

什么是数据?让我们以饮酒为例。如何衡量醉酒?法律根据血液酒精含量(Blood Alcohol Content,BAC)来定义醉酒。BAC 指 100 ml 血液中的酒精含量。例如,80 mg 酒精等于 0.08g,那么 100 ml 血液中有 0.08 g 酒精就表示为 0.08%;人们也将该值表示为 80 mg/100 ml 或"BAC 为 0.08"。

在美国,BAC 为 0.1 意味着:测试时,人体内每 100 ml 血液中含有 0.10 g 酒精。BAC 的计算结果通常会因体型、食物消耗、能量代谢水平等而有所差异。即便拥有确切的数据,一个 18 岁的成年人也很难准确计算出自己的 BAC,从而通过适量饮酒来避免醉酒,哪怕是一些计算能力特别强的人也算不准。这也就不难解释,为什么很多人都不能控制好饮酒量。这个问题类似于 2016 秋季美国大选时,没有人能算出来唐纳德·特朗普会以 28.6%的获胜概率进入最后阶段。我们必须理解并跟踪数据的轨迹,才有可能理解所有数据的产生和收集都是有动机的。正是由于大众未能理解选举的数据基础知识,特朗普当选总统才令美国大众震惊。

由于成人数据传播者基本没有时间用来浪费,他们会比移动数据传播者更加专注。成年通常会带来更多关于安全的具体表现——稳定的工作,明确的是非观、金钱观等。

不了解必要的与数据安全相关的要求、动机、统计和其他风险，可能会给个人和社会带来灾难性的后果。在本章中，我们给出成年人数据素养的最低标准。我们会对成人数据传播者和 8 个 CDKA 予以描述，15 亿成人数据传播者将从中受益匪浅。本章内容是对第 7 章数据素养的进一步阐述。

正如之前所述，移动数据传播者和成人数据传播者是各类监视资本家的完美目标。将数据素养概念融入教育体系，可以使成年人不再轻易被数据偷猎者攻击。然而，如果移动数据传播者和成人数据传播者不理解基本的数据概念，他们就可能成为数据矩阵中的棋子。修改系统和对数据矩阵加以社会层面的干预控制，需要在法律方面做出巨大努力。

8.1 成人数据传播者概述

角色：第 2 等级的网络参与者被称为成人数据传播者。成年人可以对自己和被监护人的行为和后果负责。成人数据传播者和移动数据传播者之间的一个关键区别是二者所拥有的时间多少。移动数据传播者的时间似乎是无限的，而成人数据传播者的时间则是有限的。他们之间的另一个关键区别是，成人数据传播者是社会的完全参与者，他们贡献并消耗资源。成人数据传播者之所以与移动数据传播者不同，是因为他们关注个人和家庭安全。他们的身份提醒人们，他们有投票权，有权改变有关数据的规则。"投票权"这个标签通常要比金钱更重要。

行为：成人数据传播者的数据触及范围通常限于孩子、直系亲属和同事。然而，成人数据传播者在社交媒体上也影响着更加广泛的圈子。例如，当其他人在社交媒体上"关注"成人数据传播者时，成人数据传播者可以影响其直接影响范围之外的其他人。而这些非直接影响者的数量还在不断增加。这一增长趋势短期内也没有放缓的迹象。年轻人中想成为有影响力的人的数量越来越多，也说明了这一点。

影响：成人数据传播者在社会治理中起着积极作用，可以影响更广泛的社会规则以及行为。成人数据传播者通过参与政治过程行使更广泛的影响力。近年来，政界人士已经认识到社交媒体的影响力，并将他们的信息通过社交媒体传递给越来越广泛的受众。

产出：成人数据传播者有能力创造出以供监视资本家利用的数据。例如，成人数据传播者的购买力大于移动数据传播者。社交媒体巨头监控和利用成人数据传播者的购物习惯、信息消费记录和医疗信息，以提供更有针对性的广告推送。

工具：成人数据传播者可以利用他们的影响力来培养和引导他人。最好的例子是父母对孩子的抚育。父母的影响、教育、指导和养育都有助于孩子成为成熟的社会成员。父母要帮助孩子了解社会的复杂性，其中包括如何使用互联网以及了解互联网可能带来的危害。

目的：成人数据传播者的一个重要目标应该是保护移动数据传播者。由于移动数据传播者是未成年人，刚开始接触互联网时，不能真正了解互联网及其可能带来的风险，所以成人数据传播者在帮助他们了解数字世界方面起着至关重要的作用。我们已经在第 7 章描述了负责任的成人数据传播者的作用。他们帮助移动数据传播者理解计算平台（如手机、台式计算机和其他支持互联网的设备）之间的差异。成人数据传播者向移动数据传播者传授哪些内容的共享是合适的，什么是网络欺凌。

数据敏锐度：与移动数据传播者一样，成人数据传播者也在实践中学习，在跌跌撞撞中成长。成人数据传播者对数据的了解，主要是通过个人经验的判断，而非通过参加正式的教育或专业项目。我们希望，随着数据教育的标准化，这种情况会逐渐得以改善。

伦理道德：成人数据传播者自发地对数据处理赋予了伦理的概念，同时一些外部力量（社区、社会团体等）也为某些成人数据传播者设定了数据道德期望。当成人数据传播者与移动数据传播者互动时，成人数据传播者按照从前人那里继承的伦理处理数据，并试图将其伦理道德传递给他们的受监护人。成人数据传播者希望其他社会参与者也能遵循类似的道德准则。例如，当供应商使用数据进行声明时，成人数据传播者希望这些声明是准确的、可验证的，是其他人可以客观衡量的。然而，更明智的做法是，始终把你遇到的数据当作他人用于欺骗和操纵你的数据。

行为焦点：每一位成人数据传播者都是一个独立的个体，可以自由支配时间，他们也会在移动数据传播者和其他的成人数据传播者身上投入大量的时间。成人数据传播者经常与他人合作寻求建议和分享经验。和移动数据传播者一样，成人数据传播者也会在社交媒体和其他方面（比如美食、服饰和娱乐项目）花费大量的时间。从行为角度来看，成人数据传播者有很大一部分时间会花在家庭以及跟自己直接有关的事情上。

8.2 成人数据传播者的数据知识领域（需求和措施）

我们认为在当今时代，要想要成为对互联网有贡献的成年网民，需要学会本节讲述的 8 个 CDKA：
- 管理网络声誉；
- 考虑数据来源；
- 保护敏感的个人数据；
- 数据自动限制；
- 负责任的自动化数据管理；
- 了解数据信托关系；
- 理解数据影响力的责任；
- 数据投资的特点和预期。

我们将在本节逐一介绍这 8 个 CDKA。虽然我们不能强制执行这些 CDKA，但我们希望社会能团结起来，对成年人进行数据素养教育，使他们受益，同时提高全民的数据素养水平。

8.2.1 CDKA10：管理网络声誉

需求：具备审查、改善和监控其网络声誉的能力。

措施：客观地说明如何查看和维护现有的网络声誉分数。

建立你的网络声誉需要有意识的努力，而修复受损的声誉则需要更多的努力。成年人需要花费越来越多的时间和精力来维护多个网络账户。而互联网运营商（比如 LinkedIn、社交媒体、亚马逊等）并不提供服务给没有在其网站上注册网络账户的成年人。

每个成年人都需要维护自己的几个"分数"，包括驾驶记录上的分数、信用分数、零工经济评级[①]、LinkedIn 个人资料等。首先，这些都是个人控制下的数据点。当租车公司检查你的驾驶记录，确定你已经积累了安全驾驶分数，并根据你的"良好"驾驶记录免除租车押金时，这就是你控制的数据点需要维护的一个例子。当涉及社交媒体时，控制循环可以更短、更重要。正如有人在发给所有人的电子邮件中会点击"全部回复"一样，很多人在社交媒体上发帖，却没有意识到"其他人可以阅读"。

有一个真实的故事，有人在推特上发表不符合社会公德的言论（2016年7月25日晚上10:36）。很快就有人搜索到这个人在社交媒体上的种种活动，通过对社交媒体的搜索可以发现这个人的职业。这导致其雇主发布了公开推文（2016年7月26日凌晨2:18），并在该推文发布后不到18小时（2016年7月26日下午1:28）公开宣布解雇这个人。

如果你是成人数据传播者，你必须明白任何人能在互联网上搜索到关于你的数据，你有责任维护自己的个人网络数据。你的声誉风险是3个因素"相对接近度"的组合：

- 你是谁，你在现实生活中的身份；
- 你认为你是谁，你希望向其他人展示的形象；
- 其他人认为你是谁，其他人怎么看待你或你所做的事情。

良好的网络声誉证明你作为一个成年人，在社会的视角中已经足够成熟，遵守法律，并对自己的行为负责。例如，了解使用公司的电子邮件账户注册社交网站时会发生什么是至关重要的；了解适用的法律和执行机制；了解哪些数据问题会影响你的就业状况；哪些数据问题会危及你的人身自由。

练习：每个参与者都调查一下另外一个参与者的网络行为。你从另一个人身上发现了什么？讨论什么是值得鼓励的，什么是不被提倡的。

8.2.2　CDKA11：考虑数据来源

需求：具备审查和评估各种数据来源（即他人的网络声誉）的能力，并利用

[①] 零工经济区别于传统"朝九晚五"的工作模式，是一种时间短、灵活的工作形式。这种工作模式利用互联网和移动技术快速匹配供需方，也是共享经济的一种重要的组成形式。

这种能力增强对某些数据来源的信任能力。

措施：客观地对一系列方法做出适当的回应，具备区分知情和不知情评论的能力。

在某些方面，"考虑数据来源"的需求一直存在。就像童话故事里被橡子砸了头的小鸡，以为是天塌了下来，从而到处传播天塌了的消息，而那些一开始对这个消息感到惊恐的人，发现几次消息传来，天并没有塌，就不再理会小鸡的不实之词。同样，这种虚假消息理应在网络世界也很容易识别。然而，计算机的神秘感和搜索引擎的神奇结合在一起，使得网络新手很大程度上不会质疑来自互联网上的信息。所以学会考虑所有数据的来源是所有成人数据传播者必备的一项关键技能。

对未确认来源的数据，人们持怀疑的态度实属正常。成年人在使用互联网上存在很多误区，其中之一便是忽视了信息来源。

不过，有很多方法可以找出数据的来源。比如，每个网站的网址都包含各自的后缀，表示它所属的网站的类型。例如，".com"意味着该网站是一个商业实体，".org"后缀表示该网站属于非特定实体（通常为协会），而".gov"后缀表示该网站属于政府实体。要了解这些类型网站之间的差异，一个很好的方法就是仔细浏览网址。

有时人们对一条信息的信任，仅仅因为这条信息来自一个似乎可信的数据源。然而，譬如美国紧急警报系统这种看似"可信"的数据源传来的信息也不一定真实。图 8-1 所示的消息发布于 2018 年 1 月 13 日上午，这个消息说夏威夷受到弹道导弹的威胁，建议居民马上找到避难所躲避，结尾还说"这不是演习"。该消息在夏威夷引起恐慌，被广泛传播。幸好事后被证实这既不是演习，也不是什么紧急情况，只是员工之间的"沟通失误"。

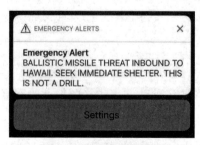

图 8-1　夏威夷的假警报

成人数据传播者每天被动地收到大量信息，所以要采用一些常见的安全措施，过滤掉大量垃圾信息。在一个日益透明的社会中，懂得什么样的数据值得分享，什么样的数据不值得分享，是一个负责任的成年人所要具备的能力。最基本应该做到的是不要给朋友重复转发他们并不需要的信息。

一个负责任的成年人要防止黑客访问他们的通信设备。黑客的主要手段是锁定个人通信设备上的通讯录，以备将来利用。这意味着，被黑客攻击的通讯录中的每个人都会接收到不必要的信息。反复地遭受黑客攻击导致在网络中保持联系的朋友关系变得不再友好，令人生厌。没有人愿意与多次遭到黑客攻击的"朋友"保持联系。

练习：选择一个在网络世界里影响力较大的人，列出拥有这种影响力的人需要具备什么样的客观能力。

8.2.3　CDKA12：保护敏感的个人数据

需求：具备识别和保护敏感数据（尤其是个人数据）的能力。

措施：具备保护和管理自己及他人的个人身份信息的能力。

围绕基本数据实践制定策略。了解你的信用评分、社交媒体资料等在当今世界中扮演的角色。了解数据监视、监控、跟踪能力，以及各种技术系统的优缺点。了解我们的能力（比如优化和报告的能力），以及这些能力所发挥的作用，以正确理解语境中的观点。处理数据时要权衡方便性和隐私性，而不只是单从一个方面考虑。最后，了解维护个人数据相关的成本和收益。

成年人的思维模式会将个体实例抽象归纳为事件规律，以减少在决定用什么方式处理问题时所消耗的时间和精力并增加决策的一致性。例如，应用程序请求访问设备的部分内存。这是应用程序第一次提出这样的请求吗？你是否制定了响应此类请求的策略？下定决心不轻易"交网友"，以避免收到垃圾邮件，是完全理性的行为。可以从策略的角度处理单个数据请求。例如，使用预定义的响应集来处理应用程序访问数据的请求，响应集中可能包括如下响应：

- 如果可能，有条件地开放权限给访问程序；
- 不开放权限；
- 在回应之前进一步研究。

当一个合法的公司要求成年人提供数据时，这种要求应该是互惠互利的。拒绝提供数据，并不应该导致对方拒绝提供服务。成年人在这些情况下拥有越来越多的对自己数据的控制权。成人数据传播者应该采取一种方法，不向他们不信任的组织提供数据。这样可以拒绝大多数数据请求。

练习：以家庭为单位，制定一个数据列表，列出那些不断增加的需要被保护的数据。

8.2.4　CDKA13：数据自动限制

需求：展示学习如何使用新的自动化数据控件以使其受益的能力。

措施：客观地展示，使用自动化数据限制工具可以成功地避免系统更新和恶意软件更新的要求。

使用数据编程控件来限制传入数据。从病毒过滤器到白名单订阅，再到恶意软件"指纹"，今天的网民拥有各种各样的自动化、半自动化和验证控制工具，以帮助其应对即将到来的数据海啸。数据管制对成人数据传播者有两个主要好处：提高安全性和减少干扰。数据管制的范围从"安全"浏览设置到仅限白名单的网站限制。今天的互联网设备是为多任务而设计的，应用程序会向你发送尽可能多的通知。但是成人数据传播者应该明白，同时处理多个任务会降低效率。他们必须学会如何以及何时使用设备的控制来过滤不必要的干扰。

是否要接收新信息，本来是由成人数据传播者自行决定的，但是这个决定已经可以使用流程管理来实现了，不过现在大部分情况下，管理流程默认为选择接收。成人数据传播者的电子设备本应被用于跟通讯录中的联系人进行通信（"仅限于联系人"功能）。这不是一个限制因素，而是一个对成人数据传播者有益的功能。这些自动控制技术在大多数情况下能起到很好的作用。我们已经描述了一种情况——使用"仅限于联系人"这个功能时，陌生人打来的电话将直接转到语音信箱。陌生人在 2 分钟内连续打来的电话被归类为紧急电话。有证据表明，关闭语音信箱的新消息推送通知可以提高工作效率。

练习：作为一个整体，将各种级别和类型的过滤整合到设备功能中，比如广告屏蔽、黑名单、防火墙控制、VPN 功能等。

8.2.5　CDKA14：负责任的自动化数据管理

需求：具备使用自动化数据管理功能的能力。

措施：掌握数据处理工具（如智能列表、宏和其他工具），以节省时间。

成人数据传播者必须使用工具来帮助自己管理和保护数据。一些流行软件，比如苹果的 Photos、MusicBee 等，可以帮助成人数据传播者管理他们的照片、音乐和文档。数据管理工具已经变得如此普遍，使用这些工具已成为我们的生活技能。终身学习的理论让我们相信，网民越早开始使用数据管理工具，就越早受益。

最流行的数据管理工具之一是无处不在的基于云的备份实用程序。这些工具允许网民在他们所在的（有网络连接的）地方访问自己的数据，恢复丢失或毁坏的文件。但你的数据可能并不安全。科技巨头们翻阅了数十亿份文件，寻找线索，帮助广告商精确定位客户。使用加密技术是一种能确保你的个人信息保密的方法，要将其整合到你所有的工作和个人习惯中。成人数据传播者必须明白，他们的数据总是处于危险之中，他们有责任随时保护自己的数据。

数据管理并不是靠魔法实现的；我们必须对数据进行规划、执行和维护，否则数据将陷入混乱。

例如，一般用户在苹果音乐（以前是 iTunes）等应用程序上管理歌曲的方式。这代表了他们对待数据管理的方式。你的合集里会有超过 10 000 首歌曲，这些歌曲来自数千位艺术家。一个名为"Wordless"的特定播放列表包含 6 000 多首器乐歌曲，总计超过可以连续播放 20 天的音乐量。此播放列表的目的是提供背景音乐，利于集中注意力。如果把 10 000 首歌曲全部扔进音乐库，然后在每次遇到一首有歌词的曲子时就点击"跳过"，那是行不通的。这个"大型播放列表"将几个较小的器乐列表中的所有歌曲合并到一起。只有使用内置的应用程序数据管理功能来组织智能文件夹，才能有效地维护它。

人们了解数据管理的时间越早，就能越早从中获得更多价值。一些公司要求应聘者陈述他们如何管理自己的社交媒体账户密码。或许，知道应聘者怎么管理自己的通讯录或音乐库，也能帮助面试官了解他的管理能力！

正如前面提到的音乐播放列表管理，设备（这里指的是操作系统）能够提供众多有用的方法来管理个人数据。了解有关电子邮件管理、文件夹使用和文件命名方式的最佳实践等，也可以是家人们聊天的好话题。探索各种功能，学习如何管理照片等。

练习：因为任何数据都可以被篡改，所以要了解人们对数据的访问是有记录的，并且这种记录也很容易被伪造。在假设一切都可以永久保存的情况下，描述如何确定数据的可信度。评估成人数据传播者在变化的环境下的表现。

8.2.6　CDKA15：了解数据信托关系

需求：处理具有信托关系[①]的数据时的相关知识。

措施：具有在"信托义务"约束时以不同方式处理数据的能力。

"信托义务"是成人数据传播者基于职业责任而承担的义务。其中一项义务是保护他人数据。例如，医生、律师和银行家可以访问患者或客户的私密信息，但他们有义务确保这些信息不会落入坏人之手。在这种数据共享关系中，成人数据传播者必须理解以下概念。

- 哪些条款和条件通常受数据信托关系的管辖？
- 在信托关系的范围内，数据共享应该如何进行？
- 谁能影响数据信托关系？
- 数据如何为投资或健康等基于信托的选择提供信息？

在现实世界中，无论交换数据的对象是谁，都应该受到信托关系的约束。每个人都有义务以不同的方式保护他人的数据（我们将在第9章中进一步探讨这些问题）。所以因数据管理不善而导致数据丢失是失职，未来应当出台更多的法律措施来惩罚此类行为。

虽然我们认为数据丢失应该受到法律的制裁，但现实中还没有真正实施（这里指截至2021年美国的情况）。在美国，财务、健康、法律和政府方面的数据交换受到包括但不限于以下法规的管辖：

---

① 信托关系是指因信托合同成立，在当事人、受益人之间形成的以信托财产为基础的权利义务关系。信托关系实际上是信托法律关系，为了保护处于弱势地位的受益人的利益，防止受信人滥用权利。为了保护双方的信任关系，法律就必须要求受信人对受益人（或受托人）承担相应的法律义务，即信托义务。

- 1996 Clinger-Cohen Act；
- 1996 Health Insurance Portability and Accountability Act（HIPAA）；
- 2002 Data Quality Act；
- 2002 Sarbanes-Oxley；
- 2003 CA Senate Bill 1386；
- 2006 Basel II Capital Accord；
- 2007 USA Patriot Act；
- 2018 General Data Protection Regulation（GDPR）；
- 2018 Federal Rules of Civil Procedure（FRCP）；
- 2018 Foundations for Evidence-Based Policymaking Act（FEPA）；
- 2018 California Consumer Privacy Act（CCPA）。

虽然受这些法律管辖的行业有一些员工有资格根据这些法规交换数据，但大多数员工都缺乏遵守这些法规所需的具体培训。成人数据传播者必须了解以上法律规定了什么条款以及在什么情境下使用。否则，即使交换的是应该被保密的数据，成人数据传播者也可能没有注重隐私。

练习：扮演遇到数据请求的各种受托方，并讨论要交换的数据。

8.2.7　CDKA16：理解数据影响力的责任

需求：具备区分负责任和不负责任的数据影响力的能力。

措施：掌握负责任和不负责任地使用数据影响力的知识。

2018年6月，Instagram的活跃用户达到10亿。从影视明星到昙花一现的名人，普通人具有影响力的现象并不新鲜。但社交网络是把这些人的影响力直接放大的关键因素。无论你是对监护人有影响力的家长，还是提供所需服务的合法企业。

只要人不生活在真空中，都会相互影响。有些人更主动地努力影响他人。有些人则发现自己能通过影响他人挣到钱，尤其是可以通过自己在社交媒体上的形象牟利。影响者通常没有信托责任。就像CDKA09中提出的指导方针一样，影响者必须制定类似的行为准则，并提供有力的执行机制。对有影响力的人进行管理是对社会中这股快速增长的力量施加影响的关键。

此外，成人数据传播者需要了解，所有来自影响者的传入消息都是一种标记形式。他们的目的是改变你在投票、购物或旅行等方面的个人选择。他们声称能提供信息给你，但事实是，多数影响行为都是以营销为目的。成人数据传播者必须能够：

- 识别具有误导性的营销行为并抵制错误的信息；
- 了解针对你的数据流背后的动机；
- 了解数据如何告知成人数据传播者各种个人选择。

8.2.8　CDKA17：数据投资的特点和预期

需求：了解哪些电子设备和网络工具会消耗数据流量，并具备管理这些组件的能力。

措施：具备数据和数据处理成本方面的知识，着眼于流程改进。

由于移动数据传播者年龄小，没有能力签订合同，成人数据传播者全权负责计算数据方面的成本。即使在 2021 年，我们仍然听到人们和一些组织说："你无法量化数据的价值。"我们认为，虽然量化数据价值是一个困难的挑战，而且我们还没有多少实际经验，但并不意味着我们不能成功地衡量数据价值。

2020 年年初，很多人居家隔离，家庭成员都待在家里，共用家里的网络，为了避免大家同时上网导致的冲突，家庭成员得商量着使用网络设备。想象这样一个场景，家里的两个大人都得开视频会议，家里的几个孩子都得同时上网课。这显然给家里网络带宽带来了压力。更糟糕的是，视频会议软件和其他的视频播放器产品又都默认视频流量设置为 1080p，而不是效率更高的 480p。可事实上，每周员工会议上真的有必要每个人都使用高清吗？

大部分互联网是让用户预付费的（尽管网络服务商努力让我们认为那是"免费"的），所以每个家庭都要合理选择全家使用的数据类型、数量和频率。现有的基础设施设计并不能很好地满足一个四口之家同时传输不同视频信号的带宽需求，所以对数据做出适当的选择是大家共同关注的话题。

成人数据传播者应该能够：

- 了解什么情况下可以断网使用电子设备；
- 了解流媒体与下载选项；

- 判断并在多种多样的免费服务中做出取舍；
- 了解解锁数字功能的后果；
- 明白"免费数据通信"的真正含义是"预付费数据通信"；
- 根据当前使用的数据量，评估是否需要接收各种捆绑的网络服务。

练习：为了应对市场的变化，评估各种网络服务的成本/收益，以及这些成本和收益对供应商的影响。

8.3 本章小结：编纂成人数据责任

我们描述了 15 亿成年人的共同特征。这些特征衍生出了共享数据素养的需求。本章的 8 个 CDKA 客观地描述了人们使用数据的熟练度，我们认为这是网民有意义地参与数据活动的先决条件。

除了移动数据传播者的所有 CDKA，成人数据传播者还必须：

- 积极管理网络声誉；
- 针对数字输入保持防御态势；
- 保护敏感的个人数据；
- 实施和发展自动化的数据限制；
- 利用自动化数据管理功能；
- 识别并尊重数据信托关系；
- 协助社会建立影响边界；
- 做出正确的数据投资决策。

拥有这些客观的数据素养的成人数据传播者越多，全民的数据素养也会越高。

第9章 知识工作者

如果组织愿意在基础培训中投入足够多的资源，是可以逐步熟悉并精通数据的。但要先对知识工作者进行全面培训，使他们达到具备数据敏锐度的水平。

如第5章所述，知识工作者是"以思考谋生"的人。我们发现，许多知识工作者在使用技术方面很熟练，但在使用数据方面很笨拙。我们本以为读者会对此感到惊讶，但似乎并没有。纵观我们的职业生涯，会遇到不少自认为具备"数据素养"的人。然而在很多情况下，他们其实并不知道自己未知的东西有多少。这里，我们可以回顾一下第1章中的内容，许多知识工作者没有能力把数据资产充分利用起来。

知识工作者和成人数据传播者最直接的差异在于他们的就职录用过程。只有知识工作者才会在入职时被要求签署数据行为准则，以管理他们的数据行为。当然，知识工作者也可以通过加入专业组织和协会自愿签署数据行为准则。采用数据素养作为标准来筛选新进员工，对组织的数字化转型来说肯定是有益的。该方式将有效提升知识工作者了解组织伦理的效率。

正如斯蒂芬·霍金所说："知识最大的敌人不是无知，而是对知识的幻觉。"如果组织想要基于实际情况来推进工作并以数据驱动的方式来进行决策，那么首先要理解：本能和直觉可能是错误的。对于这一点，组织务必要保持谦逊、自我审视和好奇的态度。坚持这一点将有效保护组织不被直觉所愚弄（即使是在决策者自我感觉良好的时候）。

目前糟糕的数据教育状况意味着，组织中的每位知识工作者可能都是在没有统一指导的情况下单独学习了数据管理。想象一下，组织内所有的知识工作者都在按自己理解的人力资源政策执行自己的工作。如果这种方法更好，我们将看到组织架构走向"分散型人力资源"。当然这种情况不会发生，因为企业明白统一的人力资源政策是有益的。同样,这种分散型的原则也很少适用于数据业务的策略。

知识工作者可以逐步转变成组织内的数据管理员,或与当前的数据管理员积极沟通,以体系化的模式帮助组织实现目标。数据管理员负责组织内的总体数据治理,并负组织内各数据集的维护。知识工作者可以更多地接触某一领域的数据集,并通过经常使用这些数据集来成为该类数据集管理方面的专家。

做好各类数据管理分工,对组织有效使用数据非常重要。不仅如此,积极的数据管理还能带来额外的好处,如果知识工作者可以把精力聚焦在自己的主要工作而不是把时间浪费在查找数据上,那么他们就可以更快地产生新的有价值的想法(请参见第5章)。同样,在个人、团队和组织层面,引入错误信息以及使用错误信息导致的风险也会降低。组织可以通过整合现有系统,将功能类似或完全相同的模块进行融合。该方式可以有效降低开支,提升面向客户的竞争优势和服务效率,从而节省时间,并提高组织的运营能力。

充分了解组织内的各类数据十分必要,为证明这个观点,我们用一个20世纪90年代初的故事来说明。当时,五角大楼想知道到底有多少员工在为其服务,这些员工分布在37个不同的人事系统中。这看上去似乎是一个简单的问题,但事实并非如此。37个被调查的人事系统均没有给出准确的答案,而是回答:"你说的'员工'是什么意思?"

五角大楼对这种反应感到困惑,但他们很快就了解到,原来有数量众多的军人在五角大楼从事着第二份工作。所以,对于"什么是员工"这个问题,并没有标准的答案。在花费大量时间试图解决这个问题后,五角大楼决定对"员工"等关键术语建立一个正式的定义。标准化业务术语帮助五角大楼节省了数百万美元。

这个故事提醒我们需要关注那些类似但尚未解决的问题。我们每天产生越来越多的数据,这些数据很难被使用而且不方便与系统集成在一起。因为这样的问题持续存在,我们必须有一个标准的工作数据词汇表,或称之为数据字典。如果没有数据字典,我们会付出很高的代价。因为离开数据字典,数据专家无法与业务分析师之间进行有效讨论。就像那些自认为是五角大楼员工的人们一样,无论他们是否真的在为五角大楼工作还是只是在五角大楼的某个楼层里工作,他们都会认为自己就是五角大楼的员工。

在本章中,我们将以需求和措施的模式继续进行关于数据参与者的描述。在接下来的数据素养之旅中,我们预判所有的控制权可能将掌握在制定标准的组织(可能是全球性的,可能是行业性的,也可能是文化性的)手中——这些组织会精确地确定控制细节。相应地,我们将 CDKA 中的"练习"改为"方法"。"方法"中将为组织提供可以用来确定知识工作者是否达到所需数据素养水平的指标。

9.1 知识工作者概述

角色:知识工作者属于第 3 等级的数据参与者。预测数据显示,全世界有超过 10 亿的知识工作者。作为特定行业就职的专业人士,知识工作者熟悉某些为商业应用而设计的技术。作为对社会做出贡献的成员,他们拥有资源,通常是各行各业追逐的目标。知识工作者虽然被标注着"贡献"的标签,但却不太容易被组织成一个群体并采用单一的数据敏锐度标准。

行为:知识工作者为组织提供的价值大于成本,只是他们生产的不是商品而是数据。

影响:知识工作者与普通人在一些基本方面存在显著不同,除了是成人数据传播者,他们对社会也存在强大的影响力,能实质性地从过程到结果全方位地施加影响。通过在一个组织体系内工作的机会,知识工作者可以用一种杠杆效应来释放他的影响力,无论具体的形式如何,最终都会通过商品和服务的模式来积极影响更多人的生活。

产出:由于对自动化能力的成熟理解,这些进步能有效地促进社会发展。人们希望知识工作者能对社会产生正面的影响,当然这只是基于对组织和个人行为的一般期望,并不附加什么强制要求。在某些情况下,知识工作者应该明白并能判断出什么样的系统和系统设计是对社会有利的。

工具:知识工作者通常了解各类复杂的技术。他们需要在数以百计的不同领域(例如,制造业、供应链管理领域和销售)工作中使用文字处理软件、客户资源管理系统和演示软件。为了高效地处理这些工作,他们会对数据进行处理、解释并得出结论。

目的:知识工作者是以脑力劳动而非体力劳动创造价值的雇员。他们可能在私人企业工作，也可能为公共管理部门服务，都在为推动社会各方面的发展而努力。他们服务的领域从商品零售到提升大众税收政策的有效性，无所不包。

数据敏锐度：知识工作者应该具备对数据的敏锐感知能力，包括对基本数据概念的理解，以及能将数据作为一种资产帮助组织增值。这一能力可算作知识工作者位于全部数据参与者中前三等级的证明。外部评级和评估（认证）可以帮助员工向组织证明其具有的数据能力等级，获取专业学科学位或行业认证证书，这些都能展示其在各领域的精通程度。当然，关于数据敏锐度能力指标的设计，还是需要基于特定规则进行开发定制。虽然许多组织目前并不认可使用数据素养这个标准来进行人员招聘很重要，但我们预测，在未来，组织一定会接受这种方式，以确保招募到的新员工具备相应的数据能力。

伦理道德：第 3 等级是我们认为许多人开始学习数据伦理的第一步。雇主必须对所有知识工作者候选人进行筛选，以确保他们理解以下概念：

- 基本伦理；
- 进行决策的潜在成本、责任和义务；
- 认可执行机制中的问责制度；
- 理解现行法律的相关要求，并明白这些要求对组织的影响。

组织应该（并且越来越愿意）让知识工作者遵守严格的数据道德标准。目前来看，只有具备数据素养意识的员工，才能较好地理解并执行组织的数据行为准则。不同的伦理原则会引导个体和群体执行与组织的目标方向相关的行为。未来，我们希望社会对知识工作者的数据行为进行严格的规范，以便更好地约束公司的责任。而实现这一目标的重要方式就是依靠那些有能力的员工，在实际工作中遵守数据行为准则中的具体规定。

从数据伦理的角度看，知识工作者位于数据工作的一线，总是能及时发现有问题的数据行为。根据组织和专业协会制定的相关行为准则（Code of Conduct，CoC），知识工作者会被要求独立开展或禁止从事相关活动。这些行为准则的内容将会陆续公开，这种做法对于普及数据素养是有益的。因为企业也不希望背上"违法"甚至"作恶"的名声。

这种组织规定可以为接下来的数据决策奠定明确的基础。就如很多企业都默认的规则——"没有免费的午餐"，即所有物品，无论有形还是无形，都是有来源和归属的，除非另有声明。这个规则可以快速把引起问题的数据直接指向其数据的提供方，就像那些错误的来电很可能来自你联系人列表之外。

行为焦点： 如前文所述，知识工作者在日常工作中需要遵守相关行为准则，组织也会对他们的数据行为提出相应的要求。作为组织战略实施推进的关键组成部分，知识工作者应当全力以赴地做好数据赋能组织运营的工作，以帮助组织使用数据实现营收和管理目标。因为在实际的经营管理过程中，组织可能因为错误的决策导致严重的财务损失，所以知识工作者需要更加专业细致，以确保组织在决策过程中使用的是正确的数据。我们在第 5 章中概述了组织低效使用知识工作者的能力所带来的巨大成本。

同样，组织也应当为员工配备必须的工具、流程和处置方法，帮助其通过对数据的处理加工来实现相应的业务目标。此外，组织还应该投入更多专家，使得数据可以更快交付，进而将数据应用到相关的数据分析、货币化和产品化的解决方案中。

9.2 缩小数据素养的技能差距

据报道，目前全球范围内只有 20%左右的员工对自己当前的数据技能自信满满，剩下的则缺乏信心。对组织而言，改善这一情况的方法只有两种，要么对现有在职员工进行培训以提升他们的数据技能，要么培训新员工进行替代。对于提升自身的数据技能，大部分员工都表现出了浓厚的兴趣，其中37%的员工认为通过培训可以有效提升他们的工作效率，22%的员工则觉得这样可以减轻工作压力。从公开报道的数据来看，这种对数据技能的渴求给企业经营者带来了一个鼓舞人心的信号，因为在这个数据驱动的世界中，数据素养会是成就一家卓越企业的关键因素。

数据素养培训可以采用各种形式进行，有些公司会将其整合到现有的技能培训体系中，通过线上电子课件或线下课堂的方式进行培训。除了提供免费的电子课件等培训资源，数据素养培训还包含学员评估自身数据水平的项目。另外，在培训的内容上，不应只关注数据处理所需的硬技能，还应包括帮助学员实现数据价值的软技能，例如，协作、求知欲、批判性思维和讲好数据故事的能力。

在工作中，充满自信地使用数据和按部就班地进行数据处理分析，所产生的效果截然不同。在数据的处理应用过程中，员工应时刻保持旺盛的求知欲来理解甚至质疑数据，并能根据自己的见解采取正确的行动，这些举动可以有效地增加他们使用数据的经验和信心。例如，相对于数据新手，具备数据素养的员工至少有 50% 的概率可以做出更好的决策，而且他们自己也坚信可以比新手表现更佳。

数据素养培训提高了员工提出正确问题和见解的自信心。这些见解有助于他们更好地理解趋势及其背后的原理，从而更自信地做出决策，并与其他同事进行有意义的讨论。

——沙希德·尤尼斯（Shahid Younis），数据精英学院首席执行官

9.3 知识工作者的数据知识领域（需求和措施）

以下 5 个 CDKA 是将数据用作资产的先决条件：
- 数据经过治理；
- 数据具备价值；
- 保持数据更新；
- 维护好组织托付的责任；
- 数据涉及群体利益。

接下来，我们将对上述每个先决条件进行详细介绍。通过教育和培训的方式，可以有效强化现有知识工作者的数据素养。以数据素养为标准来招募并筛选新员工将成为未来的常规要求。越早采用数据素养标准来培训或招募员工的组织，也会越早取得持续的竞争优势。随着越来越多的企业及组织都推行这种方式，全社会的整体数据素养标准和能力一定会得到提高。

9.3.1 CDKA18：数据经过治理

需求：能妥善地管理组织的数据。
措施：展示数据处理和使用方面的知识。

116　第 9 章　知识工作者

如果想知道在组织里一般要求知识工作者承担哪些数据素养责任，就来听一下数据管理员的自述。

> 作为一名知识工作者，当组织委托我处理一组特定的、有共性特征的数据时，我应知道这组数据的来源，并有能力对其进行特征分析。同时，我也应该了解这组数据相关的上游数据源的质量情况。对于可能存在的数据源质量问题，我会把这些"隐藏的数据工厂"记录下来，并投入时间和资源来定期修正它们。我明白其他知识工作者在下一环节如何使用我提供的数据产品，可以结合他们的需求来调整所提供数据的频率和数量，以及时满足下一环节的需要。而且，完成上述工作的同时，我能严格遵守通用数据标准和工作场所的数据限制要求，包括数据保密规定和数据安全要求。我明白为何在工作场所要通过严格规范来管理数据处理行为，而不像个人行为那么随意。

本节内容包含通用数据技能的介绍，组织可将这些内容应用在年度数据培训工作中，并重复使用。所有负责数据管理的知识工作者应被要求通过相关年度知识测评并参与相关案例研究。

方法：展示你作为数据管理员，是如何为组织数据价值链做出贡献的。能背诵由于错误处理或数据忽略，可能给你带来的各种惩罚措施（包括监禁）。展示你在放大或创造数据价值方面的作用。说明你在管理工作中，如何将数据标准应用在数据管理上。展示你的角色，确认数据经认证可安全用于组织使用。背诵你的员工数据职责条例。

9.3.2　CDKA19：数据具备价值

需求：能证明他们管理的数据是如何为组织提升价值的。
措施：具备改善组织数据方面的能力。

知识工作者必须深刻理解他们在组织价值链中的角色，否则他们很难为组织的成功做出持续性的贡献。对组织而言，员工的价值将被识别为一类数据，并被输入数据管理系统。清晰地理解企业的价值管理方式，可以直观地影响和改变员工的行为。例如,在一个销售服装的企业中,如果按衬衫销售人员完成的订单数量来进行销售奖励,可以确定的结果是每个订单的平均衬衫数据将迅速下降并接近 1 这个数字。同时,我们还需要检查梳理各种数据间的关系图谱,以便为后续的数据信托关系打下基础。接下来,我们来看一下如何采用数据的方式来为组织增值:

- 改进数据使用的方法;
- 从知识工作者的专业数据知识来推断组织的行为焦点;
- 能充分认识到沟通及个人魅力在数据工作中的重要性;
- 熟知各类数据来源,以及它们对特定行业的影响;
- 能通过元数据来描述数据(例如,质量、时效性、来源等);
- 杠杆化各种组合及倍增效应;
- 在从数据获取价值的过程中,清楚你在其中的角色定位;
- 完善数据和流程中反馈的问题,以增加组织的收益。

方法:能明白组织在数据处理过程中的行为焦点,特别是工作场所的数据规范、数据标准和数据安全。能清楚地理解各种数据项的语境要求,并准确认识到自己在组织整体数据价值链中的角色定位。能清楚描述那些为公司带来价值的,以自动化模式采集的具体数据项。能量化说明你给组织带来的价值。能优先考虑如何从数据中创造价值。

大多数组织都不知道如何以数据赋能的方式来提升企业价值。对于这类情况,我们一般建议企业先准备两个方案,然后通过不断的实践检验从中选择一个最终方案,确保该方案在人员、流程和技术应用方面表现更好。在方案实施中,尽管技术依然是应该考虑的重要的投资部分(技术先行的惯例导致了目前的习惯性思维),但我们还是建议技术投入只应占总投资的 10%,而不是全部。如果你在一个数据赋能方案的技术上计划花费 100 万美元,那么在人员和流程上更应该准备一个 900 万美元的投资计划。在这里,我们强调的是知识工作者在整个过程中的重要价值,不管是以服务来实现产品改进、创新,还是作为客户沟通的重要节点所发挥的作用。

9.3.3 CDKA20:保持数据更新

需求:展示通过学习将组织战略应用于数据更新和支持 IT 组件的能力。

措施：展示快速有效地验证和安装软件更新的能力。

保持数据和基础支撑设施处于最新状态是组织在数据工作中的重要目标。我们越来越依赖内置的应用程序和操作系统功能（例如文件同步），因此知识工作者必须清楚他们的一项重要工作就是确保组织在处理数据过程中使用的是正确（通常指最新）的数据、最新版的应用程序和操作系统。当然，知识工作者可能并不清楚哪些才是有助于数据处理的实用程序，这点你可以通过在公司里询问有多少人知道 Excel 宏的存在来证明。尽管如此，组织还是需要知识工作者理解相关概念，包括数据信任、品牌化、将数据管理知识体系（Data Management Body of Knowledge，DMBoK）学到的知识应用于实践、正确使用云相关基础设施、执行数据量化标准，以及对数据服务执行情况的监控及跟踪。

方法：知识工作者必须证明他们有能力做到以下方面：
- 选择适合的自动化支持；
- 构建可信的数据环境、数据品牌和其他与其任务相关的辅助设施；
- 能利用组织现有的监控和跟踪实施能力；
- 说明如何使用数据和流程反馈来提高组织绩效；
- 将企业数据反馈迭代用于提高绩效；
- 能将自我强化的数据防护措施应用于实践；
- 能说明数据量化模式对特定流程优化的贡献；
- 描述如何使用技术来提高数据资产的质量和价值；
- 能讲清楚数据安全所依赖的软件知识。

9.3.4　CDKA21：维护好组织托付的责任

需求：理解什么是信托责任，并能识别有信托关系的数据。

措施：理解组织内部的各类数据信托关系。

当组织想用外部获得的数据来解决内部业务问题时，会发现有些数据由于信托责任原因无法使用。例如，当制造商想查询供应商数据时，会发现无法直接访问供应商数据，只能以事后审计的方式来了解信息。能发现并识别出此类受限数据，对组织而言非常重要。同样重要的是，当发现这类数据时应及时上报并提醒组织关注其所需承担的责任，避免由此产生的数据权属问题。

方法：与其他专业领域一样，数据信托将很快成为管理数据权属风险的一种有效手段。作为一名合格的知识工作者，应该具备以下能力：

- 理解组织声明的道德框架，并清楚那些与组织存在信托关系的数据的用途；
- 能基于合理的数据判断和快速的数据决策来支持组织战略；
- 承担好一个合格数据受托人的角色，管理好委托给他们的那部分组织数据；
- 能将那些与组织存在数据信托交换关系的项目分门别类地梳理清楚；
- 能清楚地描述组织在数据保护上的自我强化管理措施，特别是针对那些可能重复发生的风险；
- 能清晰地理解数据信托对组织及个人产生的影响。

9.3.5 CDKA22：数据涉及群体利益

需求：了解自己处理的数据来自哪些部门，并被哪些部门使用。

措施：明白组织中的各个部门是如何获取和使用数据的。

知识工作者应明白，从数据赋能组织运营的角度来看，如果数据在各个环节上的交付不达标，整个组织的利益都会被伤害，正所谓"一荣俱荣，一损俱损"。因此组织应当树立"我们是一个整体"的观点，从而推动各部门同心协力朝着一个共同的目标前进。从数据管理的角度来看，需要对数据进行明确的授权，使得数据管理人员能清楚地了解托付给他处理的数据的来源和用途，这样做能为组织带来以下好处：

- 每位知识工作者都能通过数据来帮助组织实现其发展目标；
- 从组织层面形成自我强化的数据保护机制；
- 绝不容忍在数据工作中出现对组织和个人造成损害的恶意行为；
- 确保组织内的各类数据在使用前已具备了安全合规的基础条件；
- 从数据管理流程、程序和措施的层面完善相关反馈机制。

方法：作为经常接触数据的知识工作者，应该理解"技术和数据分析"这两者之间的关系，并应具备通过正确的技术来提升沟通效率的技能。也应该清楚公共信息作为一种社会资源，会对整个组织内的各个部门造成影响。不仅是作为资源的正面影响，也可能是数据错误对全体造成的负面影响。因此我们需要建立一种机制，能帮助任何员工在发现数据故障时可以及时向组织发出预警，而不是受限于个人狭小的工作范围无法快速传递信息。在这里,你可以试着举例说明,你是如何在你管理领域外提醒他人关注并发现相关数据问题的。作为一名合格的知识工作者,我们需要再次强调以下方面:

- 每位知识工作者都应该了解如何更好地使用数据来帮助组织实现其使命;
- 能理解为什么组织的数据保护会自我强化;
- 能及时发现并报告组织中出现的恶意行为,因为看似是对个人的攻击,其实是对全体的攻击;
- 能依据组织的数据安全制度要求来准备可安全使用的数据;
- 能利用来自数据管理流程、程序和措施的反馈来改进组织对数据的使用;
- 能理解技术和数据分析如何在视觉上改善沟通的效率、增加沟通的魅力。

9.4 本章小结:知识工作者和数据

在本章中,我们从数据素养的角度对全球 10 亿知识工作者的共性特征进行了总结。我们还额外提出了 5 个 CDKA 标准来评估知识工作者的数据敏锐度水平,他们应该具备以下能力:

- 在日常工作中,理解如何通过数据来驱动业务;
- 能展示出数据在不同流程阶段产生的价值;
- 能严格遵守组织对软件版本升级的规范要求;
- 能识别出公司内存在信托关系的数据项,并能列举上下游的数据被污染的案例。

如果组织内现有的员工不具备以上能力,那么他们将很快被那些具备数据素养的新员工所替代。

随着全社会的重视程度越来越高,整个就业人群的数据素养将大大提升。我们回顾一下前文,目前只有 1/3 的商业决策者对自己能理解、分析并增强数据充满信心,但如果这一比例提高到 2/3,那将意味着全社会的数据能力比今天的平均水平翻了一番。

第 10 章 数据教师

数据教师须站在"数据素养扫盲战"的前线,但如第 4 章所述,很少有教育者专门关注数据素养的教育和培训。因此,我们需要重新思考更多的高数据素养人才的培养方式。当下,高数据素养人才供不应求,对数据技术孵化、课程与创新和新方法的投入必不可少。

我们采用的方法是双向交互教育,而这种方法还未在其他学科教育中落地。该项目规划的初衷是帮助教师收到其教学成效的实时反馈,并根据反馈不断优化教学实践。换句话说,数据教师既要关注教学工作本身,又要研究提升教学整体产量和质量的方法。

我们将同时要求数据教师:
- 在正式、有组织的流程中与同行合作,指导一系列优质数据教学实践;
- 制定计划,不断迭代教学主题和素材,充分利用教学实践的经验;
- 高效且有效地将学员提升到第 3 等级。

这对任何一位专业教师来说都是很高的要求。与当前社会的需求相比,符合以上所有要求的数据教师供不应求。我们认为该领域所需的资金,更可能直接来源于大型企业或组织,因为它们的需求更加迫切,也更易享受到人才加速升级的红利。

10.1 数据教师概述

角色:数字公民框架的第 4 等级参与者被称为数据教师。企业可以聘请他们做员工内训,或者他们可以在传统教育机构任职。

鉴于全球约有 10 亿知识工作者，数据教师的数量还远远不够，而且还有相当一部分数据教师不具备足够的能力，导致无法高效地传授数据管理知识。与全球对数据教育的需求相比，精通数据的教师数量捉襟见肘。同样，随着社会对知识工作者需求的增加，对数据教师的需求也在增加。数据教师们所做的工作正在逐渐减小"数据文盲"的规模。

行为： 数据教师擅长向学生传授数据技能，旨在将学生培养为高效的专业人才。数据教师开发课程，向学生教授从业规范，分享技术信息、生活经验和行业智慧。为了让更多的人获得知识，数据教师以结构化、可重复的方式与学生互动。

产出： 数据教师对学生进行教育培训，使其能够在保障数据安全的前提下，为数字社会做出贡献。

影响： 数据教师对广泛的群体产生影响，包括移动数据传播者、成人数据传播者和知识工作者。随着"数据能力鸿沟"的缩小，数据教师的影响力正迅速倍增，且有望彻底消除这一差距。

工具： 数据教师可通过知识库传播数据知识，他们融合利用新旧信息来塑造准知识工作者。数据教师将相关信息梳理成结构化的、可重复的知识包，供学生学习吸收。数据教师还向学生传授数据准则，引导他们在收集、使用数据的过程中遵守社会准许规范。例如，他们会示范如何在保护个人隐私的前提下收集数据。

目的： 数据教师要实现高效与有效果的教学，需要具备客观的数据知识水平。每位数据教师均有义务确保自身的数据教育工作没有弄虚作假。如果数据教师专业组织采用这个行为准则，相关课程的传授工作将变得简单。

数据敏锐度： 数据教师需要具备的数据能力水平，取决于其学生的理解水平。例如，如果一名数据教师要指导移动数据传播者，那么他所需具备的数据能力就比那些指导知识工作者的数据教师所需的数据能力低得多。

伦理道德： 数据教师的目的是帮助他人解读数据，而不是被表象所误导。比如，数据教师会帮助学生先学会将统计数据与场景环境相结合，再去理解判断其意义是否对应用有价值。再比如，数据教师还会引导知识工作者在处理各自领域的数据时遵守社会道德。

行为焦点：数据教师通常以有组织的团体进行运作。一般来说，他们代表的是旨在向他人传递信息的教育机构或商业企业。常见的包括小学、中学和大学，以及专业培训公司。

10.2 数据教师的数据知识领域（需求和措施）

我们建议将 4 个 CDKA 作为先决条件，因为它们为消除组织和社会的数据债务所需的巨大努力提供了基础：
- 优质的教学；
- 在教学中设计反馈；
- 同时关注人员、流程和技术；
- 持续教育。

我们将在本节对以上标准进行介绍。该类标准已经可以有效落地执行，并能够根据反馈进行持续改进。

10.2.1 CDKA23：优质的教学

需求：展示有助于消除数据债务的能力。

措施：客观地证明你出色的教学将提升整体数据素养。

注意，该 CDKA 可以狭义解读。相反，该标准考虑到大部分组织的首要关注目标，是能够消除组织内某些层面的数据债务，因为该动作代表着最大的潜在数据利用率。

众所周知，在学校里，不同老师的教学效率会有很大的差距。有些老师对其所教授内容深入浅出，能够激发学生学习的兴趣，而另一些老师则恰恰相反。无论是在教育机构还是其他组织，数据教师都必须做第一类老师，即能够有效识别、转换、提升和研究教学结果，并根据反馈进行持续优化。

许多数据教师曾在或现在仍然在企业中工作，他们的学生可以分为以下 4 类。

（1）数据操作员。他们是企业员工，需要查看相关数据并迅速采取行动。无论是管理医院病床的护士，还是识别和解决潜在问题的供应链管理者，基于分析洞察数据而做出的决策将有利于提高绩效水平，同时也有助于提高组织效率和生产力。大多数普通的企业员工，更需要以易于理解的方式呈现非常简单的信息，以便做出更好的决策。

（2）数据科研者。他们将通过优化现有模型和开发新模型来提供价值。

（3）数据分析师。介于以上两类学生之间，他们更专注于"为什么"，并向企业用户提供更深入的分析。

（4）用户需求分析师。他们利用先进的数据技能来挖掘和验证新案例的价值，最终致力于实现新想法的产业化。

因此，每类数据用户在利用数据实现其组织目标方面都发挥着至关重要的作用。

方法：数据教师需要证明其有能力：

- 高效地提供特定级别的指导，不负数据教学的初心，不负学生；
- 高效地学习数据，并具备较好的理解能力；
- 评估数据教学场所的标准性，包括保密性、安全性和物理条件；
- 描述全面处理数据的意义，以及如何帮助学生融入自己的角色；
- 说明数据的持久性和可塑性如何，以及为什么与各种数据职业有关。

例如，数据教师可以要求学生聚焦在学习研究或工作实践中，思考谁在他们的研究领域内拥有权威，以及权威的起源。让学生找到几个关于同一主题但立场迥异的学术文献，分析作者是如何得出不同结论的，以及这是否和权威有关。当传统的评估方式可能无法得出结论时，请学生以头脑风暴的方式来碰撞讨论。这里特别有意思的是围绕文件素养这一主题开展的工作。文件素养是指执行文件任务（即搜索、理解和使用各种格式的非连续文本，例如工作申请、工资单、交通安排、地图、表格、药品或食品标签）所需的知识和技能。

10.2.2 CDKA24：在教学中设计反馈

需求：展示有助于改进数据教学过程的能力。

措施：客观地展示在后续工作中如何有效地使用学到的知识。

数据专业作为一种汇集性质的专业，与会计专业相比还不成熟。二者之间主要存在两个客观差异：

(1）公认会计原则（Generally Accepted Accounting Principles，GAAP）的存在和可靠性；

(2）财务领导者的任期要比 IS/IT（Information System / Information Technology，信息系统/信息技术）和数据领导者长得多。

需要说明的是，我们也无法确定解决数据和数据素养问题的教育和培训的最佳方式。整体数据教育计划有效性的关键是要求数据教师积极参与旨在改进当前实践的研究！数据教师必须有能力积极参与行业交流，开发积极的学习环境，提高数据素养。这需要他们具备教学能力，同时观察自身努力的效果。这可以演变成一个复杂的 A/B 测试系统，就像亚马逊不断运行的系统一样。

方法：数据教师要能够证明其具备以下能力。

- 理解你在课堂上所做的事情将如何被用作数据，为教学、数据改进和数据机器提供信息。数据教师的部分工作是收集学生的反馈，并将其纳入研究项目，旨在提高数据教学的成效。
- 为改进数据教学和数据工作流程的使命做出贡献，使社会整体更具数据素养。
- 形成闭环，以指导教学。
- 参与教学资料的进一步完善，确保其适合度、正确度得到不断提升。
- 具备各种先决条件。

10.2.3　CDKA25：同时关注人员、流程和技术

需求：具有对各类数据人员、流程和技术的适当的关注能力。

措施：客观地展示知识和话题覆盖面。

当下，在定义"正确的"数据/人员流程方面，除了不成体系的经验，我们几乎没有什么宝贵的经验。我们需要在一定程度上减少对技术的讨论。数据教师必须教会学生在解决问题或规划项目时避免过多地关注技术本身，而是要专注于收集和分析适当的数据。

几乎所有人都听到过这样的说法："在项目早期，我们在技术上花费了太多时间。"也许因为技术更易感知，所以技术一直是数据改进工作中过于突出的焦点。

如果技术在项目的初始需求阶段就已经被放在台面上讨论了，那么这意味着讨论需求的时间太少——这是太多 IS/IT 项目失败的常见模式。只有在基本理解了需求之后，才适合讨论实现需求所需的技术。在了解数据需求之前，任何技术讨论都是：

（1）过早的；

（2）从更关键的需求讨论中分散精力。

当然，也需要警惕完全不关注技术。

方法：在数据世界中，我们经常说，需求阶段最难做的事情不是设计任何东西。换言之，你的技能需要专注于重要的事情，而不是徘徊在与手头任务无关的细节上。没有多少人知道在系统开发生命周期（System Development Life Cycle，SDLC）的需求阶段使用"数据库"一词被认为是不成熟的。在需求阶段，我们应该只谈论"数据存储"。选择一个特定的数据库，甚至使用一个数据库，都是一个设计决策。数据教师必须理解的是，在需求阶段讨论设计问题所花费的任何时间，大多代表着需求分析未获得足够重视。同样，数据教师还必须了解在什么情况下可以讨论技术解决方案。

10.2.4　CDKA26：持续教育

需求：展示对实现持续教育要求的承诺。

措施：客观地展示反馈和认证的相关知识。

一般来说，希望在 IS/IT 或管理方面取得成功的个人，必须擅长终身学习。同样，随着我们更多地了解如何对 25 亿人进行数据教育，所有数据教师需要迅速调整和发展其教学技巧。成为数据教师意味着明确承诺保持最新知识状态并继续保持好奇心。目前有许多认证项目建立了教育必备条件，数据行业也将其纳入其中。其关键是将这些条件整合到人员、流程和技术系统中，这样才更容易保持自我强化。我们需要认识到，数据教师教育工作能够持续成功和优秀的关键是，教学资料和教学方法能够根据教师和学生的反馈持续优化。

方法：反馈主要焦点将推动教育需求的持续升级。这将导致数据学术要求不断升级，数据教师需要认识到不知道什么和尚未传授什么。

数据教师需要持有相关证书，这样可记录其工作经验、教育成就和官方认可。

10.3 本章小结：为什么需要一种新的教育形式

如上所述，我们阐述了如何通过教学让尽可能多的人精通数据以快速弥补损失的时间。这是一个令人耳目一新的过程，需要对传统的数据教学进行诸多的改变。本章介绍的 4 个 CDKA 可以解决这些问题。他们的成就代表了数据敏锐度的客观水平，我们认为这是培养高质量教学队伍的先决条件。作为成为数据教师的先决条件，你需要：

- 展示出高效教育学生的非凡能力；
- 通过嵌入项目的方式，利用内部反馈和迭代经验，会远比外部合作更易推动教学整体更快地成长和改进；
- 采用强调人员、流程和技术（按优先顺序）的系统方法，并致力于持续教育。

第 11 章 数据专家

数字公民框架的第 5 等级参与者是数据专家。只有数据专家才有能力对数据挑战产生的原因和应对数据挑战的措施展开基础研究。他们同样有责任提升全社会的数据知识素养。

对于数据专家自身来说，只有充分掌握数据专业知识，才能做好数据管理。这方面的专业要求包括数据感知、创新和战略规划等能力，而这些能力的培养必须在实践中加强，并由此逐步带动社会整体数据水平的提升。

但事实上，很多数据管理工作以失败告终。在 IS/IT 项目无法按计划达成、功能不能满足要求或者成本投入不够的情况下，往往会导致数据管理任务的失败。这是因为大家通常把数据和 IT 视为同一类型的工作。从职业社交网站 LinkedIn 上看，数据科学家和数据工程师的岗位数量不相上下，就说明市场对于这些专业工作依然难以做到明确的区分。

11.1 数据专家概述

角色：数据专家位于数字公民框架的第 5 等级。数据专家指在数据领域从事工作的所有人（尤其是经过专业认证的人），目前规模大概已有数百万。这些人是整个数字公民框架中从事任务最为复杂、专业性最强的群体。他们在数据生态组织中对自我的角色职责有着清晰的认知，并具备专业实施能力，包括之前提到的 CDKA。此外，数据专家还常被认为应该有赋能的职责，因为他们要想办法通过研讨或培训的方式提升大众的数据素养，同时给予积极的影响。

行为：数据专家需要利用他们的知识对大众开展数据素养教育。他们对数据具有深刻而广泛的理解,并且能够在优秀的知识和技能组合的支持下,改善大众的整体体验。

影响:当社会群体都具备基本的数据素养时,数据产业才会发挥更大的作用。数据专家可以采取广泛的措施。如同美国心理协会(American Psychological Association,APA)在过去审查社会行动一样,数据专家也可以通过建立行业协会的方式来开展行为审查和管控。该行业协会可以组织建立指导性的数据伦理框架,从而为各类数据群体的行为实践明确具体守则。

产出:数据专家以创新的方式处理数据并产生新观点。

工具:数据专家使用新的方法、策略和技术来审查数据。

目的:数据专家通常聚焦于解决社会层面难以解释和复杂的问题。例如,什么会直接影响新型冠状病毒的传播?

伦理道德:社会对医疗工作者往往有很高的道德要求,因为医疗的失败可能产生严重的社会负面影响。原则上,对数据专家的道德标准要求也类似。例如,数据科学家在没有经过充分研究、数据支撑和论证的情况下发布结论被认为是渎职行为。在这种趋势下,数据专家逐渐成立了专门的监管机构,以确保相关行为能达到高标准的审查要求。社会对数据专家具有很高的信任度,数据专家一般也不会偏离约定的道德框架。

数据敏锐度:数据专家的工作是创新和探索。他们能找到新方法来加工数据,产生新信息。例如,数据专家发明了数据挖掘、人工智能和机器学习技术,他们的研究成果应该成为知识工作者、成人数据传播者和移动数据传播者所学课程的一部分。

行为焦点:数据专家的工作方式与其他角色不同。个人的工作兴趣和所专注的问题特征往往会决定组织的工作模式。

11.2 数据专家的知识领域(需求和措施)

我们认为成为数据专家需要具备 4 个重要的前提条件,分别是:
- 持续认证;

- 拥有专业的数据领域知识；
- 拥有解释数据的能力；
- 拥有建立数据学科的能力。

这 4 个条件不仅为数据专家更好地服务社会大众提供了指南，还可以帮助组织筛选或认证数据专家。本节将对这 4 方面予以介绍。

11.2.1　CDKA27：持续认证

需求：表现在跨行业领域有能力维持现有的认证级别。

措施：客观展示持续专业认证所需的知识。

数据专家通常需要专业认证来说明他们能够在数据素养量表中规定的某个级别上开展工作。认证需要持续的教育，为了保持知识更迭，持续再认证也是必要的。此外，认证工作必须由专业机构开展。这也是为了确保认证对象能够理解和遵循特定领域的数据政策，如医药产品说明书标准（Identification of Medicinal Products，IDMP）、欧盟通用数据保护条例（General Data Protection Regulation，GDPR）和加利福尼亚州消费者隐私法案（California Consumer Privacy Act，CCPA）。

问题的关键是谁来负责认证管理。这里可能涉及一个供需平衡的问题。如果由组织来管理认证，组织就有可能单方面增加或调整认证需求门槛来创造更多的收益。如果由专业人士来管理认证，情况则完全不同。专业人士可以利用行业分析报告来调整和应对供求关系。还有一种可能性是以上两种认证管理方式并存，由社会组织（如 ACM、IEEE、IIBA、DAMA）来补充现有的工作场所能力覆盖范围。

另外，随着认证规模和课程知识体系的快速发展，需要开展自动化认证。一个值得信赖的管理机构必须建立在可靠的信托关系之上（如教师-学生/研究课题），同时清楚对相关的数据研究课题应该承担的管理职责，以及应该建立的法规和政策。

方法：所有数据专家都应具备达到和持续保持所需认证水平的能力。

11.2.2　CDKA28：拥有专业的数据领域知识

需求：展示具备通过专业化方法获取数据及知识的专业素质和能力。

措施：对数据知识体系的持续理解和掌握。

数据专家需要建立起行业的知识体系。各类专业认证也需要被行业正式认可。

围绕这些话题的更多讨论都可以在 DMBoK 和数据管理能力评价模型（Data management Capability Assessment Model，DCAM）中发现。

方法：普通人在和数据专家交流时可能对很多概念不理解，除非之前阅读过相关资料。例如，信托业务数据、规则、相关角色、必要条件和职责等通常需要进行准确的解释并达成共识。这些都应该被编入行业标准术语表并通过官网正式发布。

对于数据专家而言，他们通常愿意将专业知识回馈给社会。因此，通过举办行业年会来奖励那些数据应用的最佳实践，或者举办其他类型的活动来奖励那些提高数据素养的相关实践，也是很有必要的。

11.2.3 CDKA29：拥有解释数据的能力

需求：具备沟通解释各类数据场景的能力。

措施：提升解释数据的能力。

数据专家需要了解并准确表达出数据在场景中代表的含义。在向非技术人员解释时，这一点至关重要。爱德华·塔夫特（Edward Tufte）教授讲座中的案例也让我们能深刻理解其中的必要性。图 11-1 是莫顿蒂亚克尔公司的工程师发给美国国家航空航天局（NASA）的资料，希望能通过图表传递出对第二天挑战者号发射的顾虑。然而，工程师们并没有成功传达这一警告，挑战者号在发射时爆炸了，导致机上人员全部死亡。

塔夫特教授的讲座提出了更好地解释此数据的方式。图 11-1 中显示的是，温度越低的情况下，火箭助推器的结构性故障风险频率越高。再加上原计划的发射是在比该项目所经历的最低发射温度低 20°F 的情况下进行的，高风险不言而喻。

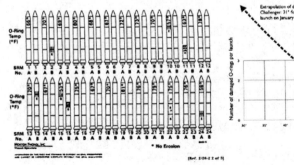
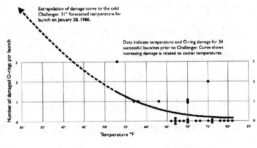

图 11-1　挑战者号的相关图表

要想通过有效的数据解释引发人们的强烈共鸣，一般可以从以下方面入手：
- 给非专业人员更多接触、体验数据的机会；
- 识别复杂的数据处理过程，如财务、药品审批和工程研究；
- 了解改善数据体验的最佳方式。

高效的沟通需要建立在感兴趣的基础上，这样技术才有可能被理解。

方法：数据专家必须有足够的沟通能力以便信息在传递过程中不被扭曲。一种方式就是通过增加沟通的趣味性使人们愿意倾听。丰富背景、使用动画、演示脚本或者原型都可以提升沟通效果。

绝不应该出现这样的情况：一位经过认证的数据专家只会用 R 语言或过于数学化的方式进行表达，而无法清晰地解释数据背后的含义。挑战者号的悲惨故事让我们想起了克劳德·香农在信息论中提出的观点，即信息必须被接受，而不仅仅被传输。数据专家认证内容应包含数据阐述力。常规的课程包括演讲能力训练、卡耐基心理学、数据可视化、新闻公告等。此外，具备良好的文字能力会更有优势，包含具备基本的搜索、理解和整理文本的知识及能力，如编写相关评论、故事、手册或指导材料。

11.2.4　CDKA30：拥有建立数据学科的能力

需求：展示具备将专业知识及培训传递给业内人员及普通大众的能力。

措施：在学科建设方面做出贡献。

目前大学还没有开设专门的"数据管理"学位教育，需要数据专家在学科知识和方法体系建设方面继续努力。首先，需要建立起一套适用于数据人才培养的知识体系，确保在统一的知识框架基础上开展数据人才培养。每个子领域或分支也都要开展综合知识体系构建的过程，以达到：

- 识别专业支撑技术；
- 利用技术来提高数据资产的质量和价值；
- 利用技术提升沟通交流效果；
- 利用自动化数据采集方法提升工作效率；
- 理解数据生命周期和数据价值的相关性。

数据专家会处理一些普通人难以理解的数据。我们有责任利用专业知识帮助人们理解和访问这些数据。避免数据"垃圾进、垃圾出"也需要在 IT 方面形成共识。

方法：数据专家应该致力于减少数据债务和提高全社会的数据素养，并开展必要的工作，将不被重视的技术转化为广泛的实践。整个行业必须共同致力于构建标准的知识体系，关键是树立给世界创造智慧数据的愿景。因此，以下这些是需要做到的：

- 组织建立数据团体；
- 主动改善问题；
- 利用数据发现环境、政策、经济、科学等方面的问题；
- 系统地了解数据相关方法、工具；
- 评估项目或过程的风险、成本；
- 为学习和研究数据创造良好的环境条件。

11.3 本章小结：开启数据专家之路

本章阐述了数据专家的特征，并具体定义了达到良好的数据专业水平应具备的 4 方面关键能力。总结来说，就是：

- 能够持续进行专业认证；
- 具备专业的数据知识体系；
- 能够清晰阐述数据，体现数据价值；
- 能够持续建设数据学科体系。

第三部分

培养具备数据素养的组织

到目前为止，我们已经描述了一种显著提高公民数据素养和降低 PIDD 人口比例的方法。第三部分以第二部分描述的数字公民框架为基础，更深入、具体地解释组织如何通过程序化方法提高其数据素养。

第 12 章描述了修复被忽视的组织数据和解决组织数据债务的方案。该计划涉及一种相当公开的方式，以强制实现对数据管理的承诺和维持。

第 13 章介绍了我们之前发布的数据原则的更新版本。该原则详细说明了在组织层面实现良好的数据管理所需的具体的、客观的标准。

第 14 章描述了在每个等级的数据用户（从移动数据传播者到数据专家）中提高数据知识水平的障碍和好处。

第 12 章　提升组织数据素养"十二步法"

本章从组织的视角描述了提升数据素养应该做些什么，阐明了组织按照数据指南进行工作时所需要具备的人员、流程及企业活动。回顾过往，我们非常关注数据的技术方面，却忽视了在数据相关的人员和流程方面进行提升，进而导致了不必要的数据债务越来越多。

公司可以通过雇佣协议和行为准则来确保组织的数据素养水平。雇佣协议可以要求雇员必须是具备数据素养的知识工作者，行为准则可以对数据素养提出具体要求，这两个方面使得组织在数据相关的人员和流程方面具备了必要的数据素养。

本章概述了组织准备在提升数据素养方面做出必要变革所需的 12 个步骤。这些变革可以确保组织的知识工作者和数据从业人员具备支撑提升组织数据素养的条件。实现组织变革需要循序渐进，首先应致力于修复被忽视的数据和数据基础设施，并逐步消除累积的数据债务。用项目管理术语来说，组织变革这件事必须**程序化**地进行。这意味着，程序一旦启动就必须持续运行，除非组织决定不再开展数据工作，或者组织不复存在了。不过，说你的组织不再需要开展数据工作，就好像在说你的组织不再需要开展人力资源工作一样！要创建一个可持续的变革计划，组织必须能够理解并做到在其开展的所有工作中都更以数据为中心。所有组织都认同，在变革中遇到的 90% 的挑战都是在组织变得越来越以数据为驱动时遇到的。

"十二步法"更像是一种仪式化的方法——通过培养好习惯，逐步替代坏习惯。我们曾在内部讨论过"十二步法"这个概念框架是否适合传播我们的意图。为此，我们邀请了同行们一起来验证我们的概念，以确保：(1) 我们准确表述了"十二步法"；(2) 他们认可这个方法。同行们认为"十二步法"能做到这两点。不出所料的是，某个圈内人士提到他知道有组织已经受益于"十二步法"，并领悟到了所需承诺的严肃性。我们还需要让每个人都明白，就像社会无法仅仅通过技术就消除"数据文盲"一样，"十二步法"中的那些简单技术并不能解决数据素养问题，尤其是在组织层面。但是，通过前面所说的"十二步法"，我们会发现更容易培养并提升组织所需的数据素养。当组织拓宽了视野与思路时，就可以开启他们的数据素养改进之旅了。

以下内容是关于应该怎么做（HOW）和应该做哪些（WHAT）才能确保"十二步法"实施成功，其重点放在了可以取得的具体客观成果上。如果按照"十二步法"去变革组织行为，就会取得这些成果。尽管如此，不要将组织变革的努力重点放在取得这些成果上，因为那些组织变革活动是经过专门设计的，具有鲜明特征。客观地说，要支持具有数据素养的知识工作者和数据专家，需要改变的是组织的具体行为。每个具体行为都应该向着能够更好地运用数据去支撑战略的方向演变。

12.1 "十二步法"的组成

我们采用数字公民框架的层级结构对 12 个步骤进行分层组织，以便系统地认识它们。有经验的管理者会认识到这些步骤的描述信息与其对应层级间的有效对应关系。在图 12-1 中，我们特意将"十二步法"的层级与马斯洛需求层次理论[①]的层级一一对应，与后者一样，"十二步法"也要求组织只有在已经达到当前层级的基本水平之后，才可以考虑尝试上一层级中的步骤。

虽然这些概念适用于组织而非某个人，但这里的组织大致上等同于我们曾提到过的小组。下面，我们将对每个步骤展开详细说明，还为每个层级精心准备了一个能够涵盖该层级所有步骤的小组故事，并提供了相应的小组练习来说明每个步骤的关键点。

---

① 译注：马斯洛需求层次理论是亚伯拉罕·马斯洛于 1943 年发表于《心理学评论》的论文《人类动机的理论》（A Theory of Human Motivation）中所提出的理论，是解释人格的重要理论，也是解释动机的重要理论。该理论将人的需求按照金字塔形由低到高划分为"生理需求""安全需求""社会需求""尊严需求"与"自我实现需求"5 个层次。

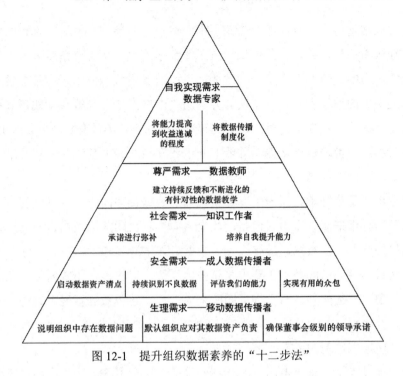

图 12-1 提升组织数据素养的"十二步法"

12.2 第一层：生理需求——移动数据传播者（包括3个步骤）

我们希望能用前3个步骤唤醒人们的数据意识。这些步骤中的措施将提高他们对数据的意识和期望，并确保为组织变革提供资源。相对而言，保持一个组织持续运转比推动其迈出第一步容易多了。通常是某些危机促使人们更加重视数据。（如果你的组织不用应对这类危机，那么你应该对自己属于那些"少数派"而感到很幸运！）要想在数据方面做得更好，最具挑战性的部分才刚开始。

12.2.1 第一步：承认存在问题

> 我们承认，如果继续维持现状，我们无法更好地管理我们的数据，这往往意味着我们的组织将变得越来越难以管理，这无论是对个人还是对组织而言都是显而易见的。（组织宣言范例）

人们通常觉得承认有问题会对其不利，特别是领导们。然而，真正的领导者能够正确认识危机，并承认是他们导致了混乱和困惑。从这个角度来说，人们并不是无能为力的。他们有力量做出改变，进而改善现状。但是，在系统性变革发生前，组织中的领导者必须下定决心并运用"十二步法"来解决问题，其中每一步都是建立在前一步之上并对之进行完善，环环相扣，从量变到质变。这12个步骤能够帮助组织管理数据素养，并能够通过建立组织能力基线和客观标准，促进组织数据素养持续提高。

第一步就是公开承认组织中存在系统性的数据管理问题，尽管这将给组织机构及其管理者带来巨大压力。但是，如果组织不解决团队的数据素养问题，那么其成员将仍然不了解数据，最终成了"数据矩阵"的一分子。

承认数据管理问题并不需要大张旗鼓地宣传，但应该在团队内部组织成员讨论这些问题。有趣的是，对于许多团队来说，他们解决数据管理问题的"秘密武器"就是换用更好的数据软件。当然，"数据矩阵"也不想让人们知道，"数据文盲"是实现组织控制的关键。

我们可以换个场景来考虑"不要到处张扬"这个主张。比如作为普通人，你向朋友和家人宣称将每周就某个主题发表一篇博文。但绝大多数类似的"宣言"行为最终都会失败，因为持续地输出内容极具挑战性，仅靠"宣言"并不能支撑我们坚持下去。不过，不能让同行知道博客低产的压力会高度激励我们，比如一旦没有在博客发布时事新闻，同行就会知道你可能错过了什么大事。

一旦承认组织存在数据问题，就要允许组织内的每个人在后续发现数据治理中所描述的不良数据行为时，指出其中的不合逻辑之处。如果不公开宣布其遵循的数据信条，组织就不会在解决数据管理问题上感到持续压力。这样，一个记者3年内都只需要问一个问题就够了：你们都对那些数据做了些什么？

遗憾的是，大多数组织都不关心员工和组织的数据素养水平。因此，他们并不知道企业的数据素养指标是在上升还是在下降。很多证据表明，组织目前并不关心员工的数据素养。提升数据素养始于和过去划清界限，并公开宣布：

从现在开始，不再积累数据债务，所有人都要开始管理数据！

当然，既然这可以随时随地发生，那为什么不是现在呢？首先，要理解做出这种承诺意味着什么。这意味着组织，特别是你自己，勇敢地向着改变组织状态迈出了第一步。这是一个郑重的承诺，而且是需要年复一年采取有效措施去履行的承诺——不可能一朝一夕就能完成！

第一步成功的关键是设定切合实际的期望。组织和个人一样将经历挫折。尽管如此，当每个人都朝着相同的目标持续努力一段时间后，情况会迅速好转。我们的目标是在实践中变得更好，而不是达到某种完美。

小组故事：一个团队要去参加一场现场活动，指定由某个人负责保管团队所有人的票。到时间该出发了，这个人却怎么也找不到他们的电子票，因为所有的电子邮件都被发送到了同一个收件箱，而太多的邮件信息使他无法访问邮箱。当团队逼着这个人让他赶紧找到电子票时，气氛就变得紧张起来。（也许可以说明电子票卖家也是一位糟糕的数据管理者。）

练习：

- 从一个大的邮件数据集中，要求参与者找出 10 封特定电子邮件中的 1 封，并将其与其他电子邮件区分开来；
- 列举一系列可用的工具，并说明这些工具对要解决的数据问题的适用性；
- 衡量一下使用适当的（通常只是更高级的）工具来找出邮件可以节省多少时间。

12.2.2 第二步：接受真实数据的力量

> 我们承认，掌控数据和管理数据的力量可以让我们回归到理智地处理数据，并缓解我们累积的数据债务。

第二步将说明，掌控数据和数据管理的力量可以让我们回归到理智地处理数据，并缓解我们累积的数据债务。在这一步中，人们应该明白，通向更好的数据实践之路始于对问题本质的认识。他们也会逐渐认识到，组织必须采用正规方法来有效地管理数据，这些方法通常来自行业专家及行业相关的权威期刊、论文、书籍等。组织准备通过界定和执行持续迭代的数据管理策略，来提高那些还不够好的数据实践。由于组织内那些隐藏的数据工厂产生了不必要的损失，因此组织中的每个人都必须秉持相同的期望，那就是要不断优化组织的数据管理实践。其中关键的是知道采用新举措来解决已有数据实践意味着什么，以及如何能立即从中获得收益。

只有确保能够立即产生效益，并能够有计划地解决数据债务问题，组织才能相信变革是可持续的。因此，向团队传达的第一个好消息就是，只要知道了一套数据组织方法，就能发现更多关于提升数据素养的方法。更进一步的方法，比如某部门将先行尝试采用新方案来提升数据管理能力，会有助于每个人理解这些变化的本质。这里不是让组织具体做什么，而是让组织阐述其数据工作的整体目标。

小组故事：一个神秘的陌生人听到了这令人惊愕的事[1]，并提供了帮助——他向大家展示如何使用搜索功能来找到丢失的电子票，并让大家都试试。一旦开始尝试，大家就会注意到这不是第一次发生找不到信息这种情况了，并一致认为存在一种模式来搜索信息，而且集体娱乐活动时丢失门票信息也确实是一个问题。

练习：换成更大规模（10倍）的数据集，采取比滚动搜索更有效的方法执行10个查询。理解数据管理对准确元数据的依赖。

12.2.3　第三步：致力于遵守数据信条

> 下决心遵守数据信条中的原则。

第三步要求领导层遵守数据信条中的原则。作为这一承诺的一部分，领导层要调动资源优先改善组织中有缺陷的数据。高管们要致力于提高个人数据素养，提高组织的数据管理能力。这里的关键是要明确组织承诺遵守数据信条意味着什么，以及其中潜在的含义：这一承诺应包括重构整个IT和数据供应链，重新培训关键知识工作者，并为取得长期成果筹措资金。

假设领导们致力于一个数据项目。这种情况下，势必可以克服典型的组织惰

---

[1] 这里指 12.2.1 小节中在大量电子邮件中找不到现场活动电子票的故事。

12.2 第一层：生理需求——移动数据传播者（包括3个步骤）

性。数据项目的实施总会受到规模、主题、复杂性等因素的制约。

- 重构整个IT/数据供应链；
- 重新培训关键知识工作者；
- 重组执行团队；
- 为取得长期成果筹措资金。

以上4点明确要求了我们应该怎么做。例如：

- 在 X 个月内，我们将开始寻找数据领导者；
- 数据清理的首要任务是清理来自 Y 部门的数据；
- 首席信息官（CIO）与首席数据官（CDO）将成为合作伙伴。

假如当众宣布下定决心全力投入某个数据项目，这也可以克服典型的组织惰性。

小组故事：团队里的人使用他们新发现的搜索功能查找到了许多之前被认为已经丢失的东西。还找到了饮料、拼车、近期活动门票的折扣优惠券。最后一个例子是一个边际收益递减[①]的例子。大家也意识到，并不是所有的事务都能被正式地管理。此时，该团队面临着一个根本的问题：在什么情况下，数据应该被正式地管理呢？他们决定集思广益解决这个问题。这实际就是数据治理中的一个场景。在系统开发背景下，如果没有采取正确的数据管理方法，将付出代价。我们可以，通过了解数据管理技术所能解决的问题的"规模和范围"，来制定具体的特定标准，从而确定何时应正式管理个人或组织数据资产。

练习：重新使用之前的更大量的电子邮件数据库，但这次要轻松地将数据导出到至少 3 种不同的环境中：（a）带有拖放界面的关系数据库系统（RDBMS）；（b）法律记录数据库；（c）Outlook 电子邮箱。尝试用工具来匹配查询，并重新进行搜索。

[①] 译注：边际收益递减规律（The law of diminishing returns）又称边际产量递减规律，指在短期生产过程中，在其他条件不变（如技术水平不变）的前提下，增加某种生产要素的投入，当该生产要素投入数量增加到一定程度以后，增加一单位该要素所带来的效益增加量是递减的。作者这里应该是指，在数据管理上一开始投入的产出效益很高，数据能够被很快找到；但随着数据管理越来越规范，再投入的产出就会减少，查找数据的优势就不再明显。

12.3 第二层：安全需求——成人数据传播者（包括 4 个步骤）

只有完成了前 3 个步骤，组织才能聚焦于构建基础数据管理能力。第二层的基础数据管理能力建设活动包括以下 4 个步骤。

- 使用已建立的模型启动**数据资产清单**（包含人才、业务流程、工具和技术、数据资产等），以便组织能够马上从数据资产的价值中获益。
- 数据资产清单将作为一个基准持续地用于**识别不良数据**。接受基准评估并确定改进措施的优先次序，应先规范数据管理能力，再优化数据管理能力。
- 根据客观标准**评估**我们的数据能力，并形成年度推进报告。
- 实施数据信息和数据实践相关的"**众包**"[①]，以所有各方都能立即使用和受益的方式，将数据信息和数据实践添加到我们现有的数据资产清单的结构和内容中。

通过这 4 个步骤建立的团队能深入理解组织面临的数据挑战，具备管理对组织有价值的数据资产的能力，并能组织年度数据经验学习活动，以及取得其他成就。这 4 个步骤需要以优先计划和补救措施的形式实现，才能组合并优化数据能力和数据资产。

12.3.1 第四步：清点数据资产

> 开始积累和明确数据资产清单，并建立标准，使数据资产可清点、可确认。

组织开始清点数据资产，并打造组织成员识别数据资产的能力。使用已建立的模型启动数据资产（如人才、业务流程、工具和技术、数据资产）的清点工作，以便组织能够马上从数据资产的价值中获益。建立一个可改进的流程来保证对这

[①] 译注：详见 12.3.4 小节，作者提倡在数据团队中采用维基经济学（Wikinomics）中的"众包"模式来完成任务，即要求数据团队中的成员每个月都要相互交流、学习和分享上一个月在数据工作中得到的经验。

些数据资产的访问。注意：这是两个独立的流程，有两个不同的目标。

虽然以上目标似乎是合理的，但数据工作通常比它们最初看起来的复杂得多。80%的组织数据是多余的、过时的、碎片化的，这意味着"数据资产清单"应该是精选出来的。数据梳理将任务的性质从"查找一切"转变为"了解一切"。现在请思考新任首席数据官和首席执行官之间发生的典型对话。

首席执行官：你们什么时候能完成数据清点？在周五之前？
首席数据官：从来没有一个组织完成过数据清点工作！
首席执行官：那我们为什么要做这个？
首席数据官：为了了解我们的数据资产，如果我们不知道它们的存在，我们就无法更好地使用它们。

首席执行官把数据清点任务视为一个项目来对待。遗憾的是，关于数据的工作极少是项目型的。首席数据官必须重新规划这个问题，从"数据资产清单什么时候能完成"变为"如何快速获得必要的能力以帮助他人更好地利用数据资产"。组织可以用预先构建的分类框架使数据清点工作立竿见影。以下是一份数据资产清单的样例。

（1）目标声明，包含基于数据需求的战略要素、基本原理和行事理由。目标是为了达成共识，而不是下定义，定义是被动的。

（2）清单化的数据资产有以下共享方式：

    a. 与外部组织共享的数据项；

    b. 在组织内部共享的数据项；

    c. 不共享但用于衍生出共享数据项的数据项；

    d. 不与外界共享但用于支持工作组活动的数据项。

（3）重新组织多余、过时、碎片化的数据。

（4）清点后的数据资产应纳入已有主题域管理（例如，支付属于后台操作部分），这样每项数据资产都可以更好地支持组织的任务。支持组织任务的主要主题域应该得到详细说明并发布出来。

（5）对数据资产进行识别、删除和规整，处理同义词、同音词以及其他挑战，确保只有唯一一个数据项被指定为真实的数据源。

（6）识别敏感或隐私数据项，以及需要采取哪些特殊控制措施。

（7）按照（2）中的 a 和 b 项，分类记录数据的所有映射规则。

注意：建立数据资产清单是一个多次迭代过程，这一系列动作不可能在一次迭代中全部做到。因此，与这套动作本身同样重要的是，组织需要建立一个处理系统，以确保当其他数据资产在迭代中被发现时，能够很容易地被更新到数据资产清单中去。

小组故事：描述个人如何开发系统去体系化管理他们的数据，以及其中的经验教训和系统可以如何应用于工作组。小组可以寻求了解如何更多地利用现有能力。例如，在乐队演奏中，乐队成员希望能够实现共享音乐列表，而不是每个人都在传递记有自己音乐列表的笔记本给别人。虽然每个人都认为这是一个好主意，但也很难实现，因为团队成员平均年龄超过了 50 岁。

练习：

- 演练获取乐队演奏歌曲主列表的过程；
- 扩展歌曲列表范围，包括个人设备中自动更新的歌曲；
- 解决数据资产清单难题，通过创建"停止规则"，来确定哪些自动更新的歌曲可以被列入乐队歌曲主列表。

12.3.2　第五步：从组织层面了解过往不良数据实践的代价

认清过往不良数据实践在个人和组织层面的代价。

组织需要正式地通过一件事情来说明以下内容：

- 可以在数据债务处理方面取得进展；
- 可以在数据改进工作上有所提升；
- 由于数据不足导致的组织成本损耗可以持续降低。

第五步并不是要全面统计数据缺陷造成的组织成本损耗。相反，这是为了更好地评价数据对组织使命的影响。每年开展数据工作复盘是宣传、贯彻数据管理理念的一个极好方法，可以讨论过去一年数据问题的数量和影响，并进行复盘，提出建议的改进措施。除了应该有年度进展报告，还应展示已经取得的数据管理成功经验，并用一些现实案例进行佐证。虽然这些成本估算不是非常精确，但我们的目标是逐步改进，而不是一步到位。随着时间的推移，这些措施的效力和效率都将明显提升。一项研究发现，仅仅是统计数据质量问题就能够给数据处理工作带来实际的改进。

小组故事：小组正在学习解决所有小组都会遇到的问题——如何更好地管理在舞台 iPad 上显示的不断变化的歌曲列表？举例说明演奏错误歌曲的风险。

练习：请举 3 个能够说明数据管理可带来正向投资回报的例子，这些例子应能够直接适合上面故事中遇到的情况。

12.3.3　第六步：展示兴利除弊的数据管理能力

> 组织是否已完全准备好破旧立新，解决导致当前数据债务的不良数据行为？

某组织提出了一项计划，通过提高知识工作者和数据专家的数据素养，去培育和增加所需的额外资源，从而逐步提高组织的整体数据素养。初始阶段的仔细检查可以使得数据改进工作受益。打通团队成员之间的数据孤岛也可以带来同样的好处。这是一项需要集体协作和批判性设计评审的活动。从研究来看，最糟糕的结果是将造成混乱；而从系统视角而言，最好的结果则是可以清晰地聚焦于获取组织智慧，以改进组织的共同数据和数据实践。这个计划的目标是规划出数据资源的最佳使用方式，并通过数据团队内部协作改善组织数据资产。

小组故事：小组用新的电子设备管理系统进行实践。他们惊讶地发现，节省下来的时间可以用于增加练习，并因此带来更好的乐队表现和更高的士气。

练习：为第五步的练习中假设的 3 个例子分别设计解决方案。

12.3.4　第七步：开展众包提升数据素养

> 要求并接纳能够解决组织数据缺陷的数据管理能力。

组织应积极采取措施，鼓励成员提升组织的整体数据素养和数据意识。目前，大多数组织的数据管理运作模式是责任分解、各自负责，但成效不佳，这也意味着潜在提升空间很大。在第七步中，我们提倡的方法是在组织内建立多个数据小组。每个数据小组都应该清楚其他数据小组的主题和专攻方向。跟 IT 一样，数据科学也是一门涉猎广泛的学科，需要基于团队的方法来解决问题。我们这个方法的重点在于关注采用维基经济学风格的众包模式[①]支持的数据小组。也就是说，数据小组的成员要常态化参加每月的碰头会议，在会议上相互交流、学习和分享上一个月中在数据工作中得到的经验。这样的会议可以让每个人都参与进来，与会者通过相互交流切磋，专注于一个共同的目标，并迅速形成好的想法。

小组故事：小组发现了开源应用程序和合作机会——请举例说明这两个概念。当小组意识到这个新发现的深度时，他们进一步探索这个故事背后更宏大的背景。激烈的讨论接踵而至，因为他们意识到，他们必须开始将投资回报率这个概念应用到这些研究中。

练习：采用众包模式进行如下练习
- 计算平均通勤时间。
- 从第六步的练习中选取一个解决方案进行批判性设计评审。
- 大家交换各自的小论文，并改进已有的想法。

这里的关键是运用一些战略性的逆向工程和分析，从而远离"多余、过时、碎片"的数据，转向投资回报率导向的价值。

12.4 第三层：社会需求——知识工作者（包括 2 个步骤）

在完成了第四步至第七步后，就为培养组织的知识工作者团队的数据素养做好了充分的准备。根据雇佣协议，知识工作者被赋予了一种对组织的人为的归属感，或者至少是"我们都是一伙儿的"那种感觉。接下来的两个步骤旨在促进这

[①] 译注：维基经济学（Wikinomics）是由 Don Tapscott 和 Anthony D. Williams 在 2006 年出版的图书 *Wikinomics: How Mass Collaboration Changes Everything* 中提出的概念。维基经济学提倡开放（Openness）、对等（Peering）、共享（Sharing）和全球行动（Acting Globally）。众包正是符合维基经济学的一种分工协作模式，强调通过广泛合作和用户参与来完成任务。

种团队意识日益增长。

第八步：致力于提升数据实践的组织，需要具备数据素养的知识工作者反复迭代执行数据战略。

第九步：迭代执行数据战略需要强化组织数据管理能力和更多的资源，而强化组织管理能力则需要通过落实资源，解决高优先级的缺陷。在实施的持续改进项目中还应提供资源，优先补齐组织的短板。组织可以通过复盘及检查已有的数据实践和数据资产，识别出需要与现有优先工作整合的新需求。

这些步骤的一个重要产物是通过处理这些对组织具有影响的数据挑战，形成详细的组织自我认知。通常，要在每个给定主题领域实施数据能力提升循环的第三次迭代之后，组织的这种自我认知才开始固化成型。组织的自我认知应该作为组织的一种资产被整理并保存起来。

12.4.1 第八步：确定提升哪些数据实践

> 制作一份数据受益方名单，并且能够提供解决方案。

组织应逐步建立流程来确定哪些数据实践具有提升机会。应将组织目前各类数据实践方面存在不足的典型事例都记录下来，以便进一步固化数据实践案例。然后把这些案例作为标杆项目来解决。标杆项目是焦点项目，占据着 3 个集合的维恩图①的重叠中心，这 3 个集合分别是：

- 能够推进组织战略的项目；
- 能够实践所需数据技能的项目；
- 能够增加业务数据使用机会的项目。

应从 3 类项目的相交处选出一个项目作为标杆项目。

小组故事：一群有技术头脑的卡车司机像一个独立运营的组织那样，有意识地团结在一起开展众包和学习。因为这个小组发现，再怎么降低卡车的百公里油耗值也并不能让他们多跑多少里程。因此，他们立即集中精力去评估卡车运输过

---

① 维恩（Venn）图，也叫温氏图、文氏图、范氏图，是一种关系型图表，通过图形与图形之间的层叠关系来表示集合与集合之间的相交关系。

程中的各种"大事件",希望找出能帮他们省钱的办法。

练习:使用"如何从一团混乱中找出要义"(How to Make Sense of Any Mess)①视频课程中介绍的图表,从至少两个不同的角度描绘卡车司机面临的某个特定数据挑战,并指出适当的数据上下游来源及其用途。

12.4.2 第九步:修复数据缺陷

对具有缺陷的数据实践和组织数据受益方进行直接修正。

组织必须善于进行数据改进。除了应对挑战,组织成员也应对数据缺陷造成的各种负面影响感到痛心,这点至关重要。组织应当把开展数据缺陷的负面影响评估作为一个基础性工作坚持下去。开展负面评估应以优先计划和补救措施的形式实现,这可以为组合并优化组织的数据能力和数据资产提供机会。通过数据缺陷评估可以创建一个基准,用于持续地识别不良数据。接受基准评估并确定改进措施的优先次序,以使组织能力和数据得以规范化和最优化。

小组故事:从第八步开发的需求概念中挑选出一个,并补充完善其某方面的设计!

练习:为第八步中的练习作业开发综合设计方案。阐明(通过数据说服者等方式)持续解决数据文化问题的必要性,为进一步争取正规化的数据管理、培训和教育找到依据。起初,这些卡车司机与直接上司的沟通遇到了麻烦,但随后直接上司转变认知并协助卡车司机将该请求提交给更高一层的管理者。

12.5 第四层:尊严需求——数据教师(包括1个步骤)

只有当知识工作者发挥带头作用,同时组织各部分达到一定的数据素养水平之后,组织才能合理地设计一个有针对性的流程来提升组织数据素养。数据教学

---

① 译注:"How to Make Sense of Any Mess"是信息架构专家Abby Covert在2017年的一堂现场课程,主要讲述信息架构的作用,说明如何将原本混乱的信息整理成有用的信息。

12.5 第四层：尊严需求——数据教师（包括 1 个步骤）

可以由组织内部人员实施，也可以承包给外部专业的教育机构。数据教师的直接责任是研发组织的数据课程，以最好地支持组织的战略需求。下面详细说明数据教师角色的双向性质。

组织领导审议通过了对于数据实践缺陷的分析结果，并投入资源来改善重点工作，以便衡量教学效率的提高情况。该举措包含了反馈机制。在一个预算周期内反馈，限制超预算的情况。

第四层的工作成果是一项能够指导和推进组织数据进程的数据素养改进计划。

第十步：责任落实到人

> 持续盘点个人和组织的数据能力，并满足不断变化的需求。

组织对现有的数据实践和数据资产进行复盘，以识别出新的需求，并融入现有重点工作中。在组织中，数据作为一项程序化活动，主要需求之一便是不断改进技术支撑。为了理解技术日新月异的程度，思考一下我们生活中音乐的提供方式是如何演变的：

- 留声机唱片，其转速从 78 r/min 到 45 r/min 再到 33.3 r/min；
- 盒式磁带；
- 8 轨道磁带[①]；
- MP3；
- 无损音频；
- 流式音频。

要想读取超过 6 种音乐格式，所需的设备数量极其复杂，而且总价昂贵。要好几位知识工作者独立学习并不同程度地掌握数据管理技能同样花费不菲。数据管理方案从长远的角度考虑组织的数据能力，包括数据开发。除了中小型企业，其他组织不需要进行这一步的小组故事和练习。

---

① 译注：8 轨道磁带（8-track tape）是 20 世纪 60 年代由 William Powell Lear 发明的一种音乐记录载体，能在磁带上存储 45 分钟的连续非数字语音数据。到 1983 年，8 轨道磁带就完全停产了。现在，"8 轨道"成了"迅速过时"的同义词。

12.6 第五层：自我实现需求——数据专家（包括2个步骤）

只有在具备提高组织数据素养的成熟能力之后，组织才能为管理岗的数据专家提供自我实现的必要基础。最后两个步骤如下。

第十一步，组织基于已验证的投资回报率（ROI）进一步投入资源，通过提高员工的知识、技能和能力，逐步提升组织的数据素养。

第十二步，组织看到了这些努力的价值，通过发展广泛的兴趣社区和在整个组织中传播原则和实践，使这些实践制度化。

12.6.1 第十一步：持续提升组织能力

> 旨在提高个人和组织的数据管理知识、技能和能力，并阐明改善案例，以确保持续的资源投入。

组织必须声明保持个人和组织高数据素养水平的坚定信心。数据管理必须是一项基于团队协作、涵盖组织范围内每一位知识工作者的工作，务求实效。常态化开展数据管理相关业务案例的强化和巩固，有助于组织更深入地识别和理解指标。我们需要不断改进组织的数据管理能力和资源，不断增加资源投入，解决执行战略中的重点难题。

小组故事：提升数据管理能力的工作应该根据组织的特点量身定做，但只要开展了此项工作，就说明组织正试图完善其战略周期。

练习：切实承担起自我改进流程团队的责任，意识到：（1）第十步本可以更优雅地完成；（2）流程必须迭代重复，集思广益，必须支持在共享组织数据间建立数据流映射机制。理解"十二步法"各步骤之间的相互依赖关系，才能更好地形成一个分阶段的优化策略。最后，制定并执行有效的战略，以开发可持续的数据管理计划（包括对大数据技术和数据科学家进行排序和细分等）。

12.6.2　第十二步：在组织内外广为宣传

> 在看到以上步骤取得的成果散发"数据之光"后，我们试着将这一信息传递给其他组织，并在所有事务中实践这些原则。

现在有一种感觉，各种组织都有数据债务。因此，我们除了帮助自己的组织提升数据素养，还应该为数据管理行业做出贡献。既然已经看到了"数据之光"，各个组织可以通过在其内部建立兴趣社区，并在组织中宣传、贯彻提升数据素养的原则和实践，使各项原则固化成制度。很容易看出组织有没有在这样做，因为不打算这样做的组织只会被动反应而不会充分发挥数据的作用。广为宣传有助于提升世界范围内的数据素养。

小组故事：工作组参与者向组织中的其他部门传授经验。

练习：验证第十一步中创建的映射机制提高了元数据的准确性和可理解性，并提升了后续数据的可治理性。阐述"十二步法"给你的团队带来的好处。

完成这十二步并不意味着组织已经足以成功，而是指组织已经掌握了具体的知识和技能。"十二步法"的本质确保了这些条件对于成功来说是必要非充分的。简而言之，我们还需要做更多的工作！随着新习惯取代旧传统，组织的整改任务会越来越轻松。加入该组织的新成员可以学习到新习惯、新做法，而不用再陷入旧习惯、老做法。这样效率将高得多。

下一章将介绍根据数据信条所必须遵守的特定内部流程。

12.7　本章小结：数据素养建立策略

这是一项重大变革，需要组织的长期承诺和专项资源保障。开始这项工作的组织很多，完成这项工作的组织却是凤毛麟角。因此，组织在做出任何承诺之前，都应该进行严肃认真的内部讨论。

第13章　数据指南（第2版）

第12章描述了为解决社会面临的数据债务积累问题，组织需要采取的12个步骤。本章从组织数据规划的角度描述了社会必须采取的行动。

各种咨询公司在提供咨询服务时都会建议"建立一个组织级的数据驱动型企业，而不是部门级的"。改变一个组织和一个企业的唯一方法是集中精力、持续努力。为了有效地维持变革，需要企业级全面行动，而不是单个部门行动。

"以数据为焦点""以数据为中心""以数据为驱动""以数据为优先""以数据来激励"等术语表达了什么含义？它们如何帮助组织修复被忽视的组织数据？它们消除组织数据债务？

事实证明，要得到一个可用的答案是非常困难的，就像定义"素养"这个词一样难，客观地定义数据驱动、以数据为焦点、以数据为优先、以数据为中心或数据智能仍是很难的。这需要一位具备专业知识的数据专家来判定一个组织的行为是否是以数据为中心的。我们一直在探索文字背后的真实含义，但是结果却不尽如人意。

组织范围内数据管理的首要任务是加强数据共享。我们在之前的工作中总结了数据指南的第一个版本。我们想为那些希望从数据中获得更多价值的组织和个人提供清晰和客观的指导。数以百计的签约从业者从数据指南（第1版）中获得了价值。为了向敏捷宣言致敬（源于软件工程社区），我们总结了4条原则。

我们一直在实践中探寻更好的系统开发方法，身体力行的同时也帮助他人。由此我们建立了如下价值观：

- **数据规划**先于软件项目；
- **稳定的数据结构**先于稳定的代码；
- **共享的数据**先于完成的软件；

- **可复用的数据**先于可复用的代码。

也就是说，虽然右项有其价值，但是我们更重视左项的价值。

遵循数据指南的组织致力于不断提升上述原则中左侧加粗部分的能力。虽然一些组织仍然保持软件开发能力，但越来越多的软件开发以软件包和应用程序、离岸外包或共生合作的模式出现，这使得组织能够专注于核心竞争力。因此，我们将指南进行了更新，为每条原则增加了具体的、客观的衡量标准。修订后的理念没有特别关注软件开发，而是更广泛地关注使用数据实践来使 IT 和非 IT 组织的时间更有效。现在的指南如下。

我们一直在实践中探寻更好的系统开发方法，身体力行的同时也帮助他人。由此我们建立了如下价值观：

- **数据规划**驱动 IT 规划；
- **有根据的信息投资**高于技术采购活动；
- **稳定、共享的组织数据**高于 IT 组件优化；
- **数据重用**高于获取新数据源。

也就是说，虽然右项有其价值，但是我们更重视左项的价值。

如果可能，每年都会通过客观的行业标准来验证这种评估方式。

针对更广泛的数字化需求，数据指南进行了以上更新。我们在本章中将会对更新后的数据指南中每一条进行简要描述。在此之后，我们将描述希望提高数据素养的组织如何使用该指南。本章和本书结尾会为你创建的第一个标杆项目提供一些指导！但首先，我要提醒大家的是，那些不择手段的咨询组织提供服务会收取费用，但不会承担数据风险，因为他们清楚地知道如何进行套路。

13.1 关于数据咨询的警告

我们知道，聘请咨询公司来帮助组织整理混乱的数据似乎很方便。但事实上，组织依靠自己的人员就能够轻松地完成有用的自我评估。自我评估后，最常见的评估结果是，你的组织还处在数据旅程的起点，花钱请人告诉你已经知道的东西是没有意义的！自我评估还可以发现内部有价值的专业数据知识和数据知识网络，有助于构建未来的数据规划，并让你避免陷入烧钱的骗局。这个获得评估结果的过程就像一个循环——组织将信息披露给顾问，顾问再把信息反馈回组织。

咨询公司还会在其数据咨询服务中搭售某个 IT 项目。例如，他们通常会向客户出售软件升级服务。然而，咨询公司在开始的时候并不会告诉你，咨询服务结束后，他们给出的建议都是数据最后不可避免地都需要迁移到企业资源规划（ERP）系统。组织会使用现有模板来解决数据迁移的所有问题。可是在数据迁移的过程中，组织会发现源数据不足，为了解决这个问题，还是得使用 ERP 系统，这将花费比最初计划更多的时间来迁移数据。最终导致组织需要支付更多的费用。

在这种情况下，"数据不足"通常是指数据的结构与 ERP 规定的格式不同。数据未必是坏数据，它只是不符合要求。补救方式通常是转换数据结构以符合 ERP 规范。这种工作通常不包括数据分析。公司如果不了解数据，通常会为相同的工作支付至少两倍，甚至更多的费用。例如，组织可能会支付一次费用来修复格式不正确或难以理解的数据，进而将修复后的数据导入 ERP 中。组织还需要付费来清洗这些数据。安装客户关系管理（CRM）系统似乎是组织无法避免地会犯的另一个简单错误。一开始，在 CRM 系统中使用不干净的数据，然后再对其进行清洗。

大多数业务和 IT 专业人员在他们的职业生涯中只经历过少数几次重大的系统升级、修改和更换。但咨询公司的顾问却有非常多的类似的经历。因为他们清楚，客户并不知道咨询公司都期望发现的数据是"混乱的"。当"发现"数据转换部分将花费更长的时间时，猜猜谁将得到这项额外的工作？肯定是咨询公司。而现在这个数据转换的项目带来的是纯利润，因为它需要比组织最初计划的更多的人员投入，而且通常情况下，没有任何度量方式可以描述项目能够取得多少进展。

一直以来，组织都喜欢与公司已有的咨询公司的员工签订合同，认为中途不换人可以使项目更容易实施。为了避免陷入这种境地，组织应该单独管理 ERP 的安装。这种获取非必要数据的方法是行业内的通用做法，不过企业可以通过专业知识改善这种状况。

这类方案的危险信号是，公司以固定价格竞标数据迁移项目时，甚至都没有关注过真实的数据样本。建议与咨询公司的员工谈谈他们解决问题的方法——数据再造不能用线性思维来解决。确定风险管理和缓解的综合方法，并在大型项目中采用 IV&V（Independent Verification and Validation，独立的验证和确认）。不要让你的组织陷入数据的泥潭。

虽然并非所有的咨询顾问都很糟糕，但这种做法在行业中很常见，这也是组织将 20%～40% 的预算花在不必要的数据挖掘上的原因之一。

现在把这个警告放在一边。接下来，我们对数据指南进行讨论。

13.2 以数据为中心的前提 1：数据规划驱动 IT 规划

如前所述，数据必须是整个公司的事，而不仅仅是一个部门的事。数据的发展比公司其他的业务发展都要慢，基于数据的这种稳定性，组织拥有了"理解"自身的机会。这里的"理解"指的是对于描述各种有用的共享业务概念（通常是人物、地点或事物）的标准术语的达成一致（业务和 IT 之间，以及 IT 和连接的系统之间）。只有基于这种充分理解的稳定性，才能评估项目层面的投资——这是一个重要的业务/IT 校准。

数据规划和 IT 必须分开，并按顺序排列。只有这样才能解决未来谁有责任管理数据的困惑。传统意义上，数据被认为是 IT 的责任。但我们的研究表明，90% 的 IT 组织要么缺乏数据领导力，要么缺乏组织数据素养，无法有效地管理他们的数据。在大多数组织中，开发和数据评估之间所需的交互并没有被有效地执行。如果没有足够的数据素养，组织就会积累大量的数据债务。

组织正在改善他们的数据管理方式。依据数据指南（第 2 版）（Data Doctrine Version2，DDV2），组织创建数据体系结构以跨越应用程序系统边界，并依靠组织其他部门一起改善。数据共享更易于使用和理解。组织设计自身的数据规划是为了从数据中获得最大的价值。

组织需要将其数据规划和数据一起视为资产。这两种有价值的组织资产需要结合起来同其他资产一起支持组织的战略目标。对于数据来说，最关键的转变是脱离 IT（10%的组织已经能使用 IT 信息系统很好地处理自身数据了，除非你的组织是其中一员）。IT 已经够复杂的了，更重要的是，它把我们带到了目前这种不可接受的状态。过去，IT 的标准是"如果系统与系统可以成功连接，那么我的工作就完成了"，但是这个标准不能很好地管理组织的数据资产。

随着数据规划范围的扩大，数据对知识工作者的重要性也在增加。随着知识工作者和数据专家对自身数据处理能力和数据资产的了解的加深，他们对数据规划的需求也将会增长，如图 13-1 所示。

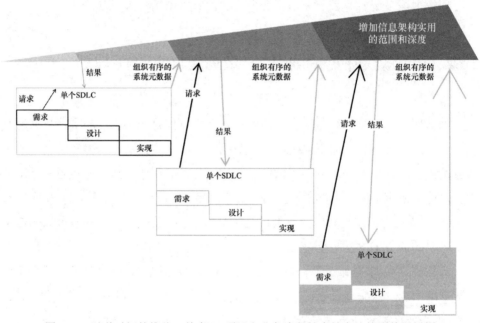

图 13-1　随着时间的推移，单个 IT 项目和业务流程越来越多地使用数据规划

如果组织没有常用的专业知识体系和定期完善知识工作的规划，就不可能提高数据素养。这些努力得益于"组织知识"的正式积累、随着时间的推移应用复合的实际效果以及战略先行者优势。

实施指南

为了实现这一数据原则，组织必须做到以下 5 点。

（1）建立和维护一个高效且有效的数据规划，使其在组织中持续存在。只有当不担心随时会被终结时，这种新生的数据规划才能把注意力集中在全面的考量上。

（2）**在组织中设立数据领导的岗位**。我们已经提出了独立数据领导的案例，还指出了需要独立的技能集来清理现有的"烂摊子"，并在我们前进的过程中，管理已清理的"烂摊子"。同样，我们的指南也很明确。首先，在过渡期聘请一位主管，他了解数据规划的要求也有能力在过渡过程中打破一些束缚，并奠定基础。其次，确定一位继任者，他可以在不收拾"烂摊子"的情况下推动组织向前发展。

（3）**每年向组织展示积极的投资回报率价值**。这应该是管理层能接受的正式表达。在数据规划上必须确保能有与人力资源以及其他的公司业务活动一样的资金投入。请注意，这并不表示不需要让大家了解数据规划所能给公司带来的价值。例如，如果你计划开展 5 个 FTE，每年 100 000 元，那么你必须展现出每年 50 万元（加上开销）的价值！实现年化增长和控制成本是一项艰巨的任务，但事实上，这样做会让公司更加聚焦在实际问题上。

（4）**建立迭代更新的方法**。在组织能力培养的过程中，循环使用数据的方法有助于其理解将员工数据素养作为目标的重要性。当组织这样做时，数据资产的战略价值和维护得到加强，并且组织在更多的系统中将数据重复使用。为实现这一点，组织必须有意地引导跨各种 IT 项目的数据重用。最初，不同 IT 项目开发周期的逐步细化，促使数据规划不断更新。数据规划必须重复多次才能达到临界点，进而有助于组织战略决策。

（5）**记录组织数据战略驱动 IT 决策**。首先，你必须足够善于使用数据才能更好地支持组织战略，你可以将其记录下来并与他人进行交流。其次，你必须验证数据战略是否驱动了 IT。项目思维不能纠正数据债务问题。必须具有数据规划能力才能彻底解决数据债务问题。

13.3　以数据为中心的前提 2：有根据的数据投资高于技术采购活动

因为数据战略产生的结果更加重要，所以它必然会取代 IT 战略。强化数据实践一定是未来所有 IT 投资的基本组成部分！这种新思想是数据指南（第 2 版）的核心——将数据原则贯彻到 IT 投资的方方面面。至少有两个原因可以解释为什么组织以前没有做到这一点。

（1）**不愿进行长期投资**。高管往往用财务激励实现短期目标，但数据投资的回报价值是以几十年为时间周期来衡量的。我们已经围绕 ERP 投资阐述了资金浪费的行为。我们观察到一种相似的模式，即组织花费了 7 位数采购可视化软件包许可证，但并没有获得正向的投资回报。知识工作者凭借更少的数据采集，利用更高质量、更容易访问的数据，能更容易找到解决方案，而不需要借助昂贵的软件。这虽然需要额外的时间/资源投入，但也为培养组织可视化能力提供了必要的基础。

（2）**考虑缺乏数据的 IT 投资**。这个领域有着巨大的节约空间。组织经常希望通过购买技术来解决问题。而大多数情况下人们把太多的希望寄托在技术上。通常在采购时，IT 部门未能考虑到数据对软件开发和采购产生的影响，导致组织选择了增加数据债务、隐藏数据工厂数量和增加数据 ROT[①] 的软件和服务，而不是那些能够补充现有数据资产的软件和服务。最佳数据实践应该在评估任何软件包、应用程序或服务时包含逻辑数据模型，这种观点是我们非常认可的。令人惊讶的是，有相当多的组织愿意依据保密协议提供内部数据模型的副本。在决定购买哪款软件的时候，把现有共享的数据结构产生的价值考虑进去，这样更容易理解组织当前使用的哪些功能在新系统中是有益的和可复制的。

类似地，一些改进被认为是缺陷，被当作新软件的一些特性。这个过程有助于确定最佳数据，适合的数据功能。然而，核心数据模型通常不会发展起来。无论你开始做什么，都可能随着软件的使用而持续。所有备选包都将这些模型作为征求建议书（Request For Proposal，RFP）的一部分进行提交。有些需要保密协议。那些不提交逻辑数据模型的人们不能参与这个过程。根据特定选项理解目标规范，有助于组织调整 IT 粒度和管理风险。组织通常不遵循这个过程，这是组织数据债务增、加的主要原因。这种快速分析使得组织能够判断所提议的解决方案是否合适。

---

① ROT 表示冗余（redundant）、过期（obsolete）和不重要（trivial）。

13.3 以数据为中心的前提 2：有根据的数据投资高于技术采购活动

在这个过程中，同样至关重要的是迭代和系统的审查。每次迭代都帮助团队更好地将项目需求作为一个整体来理解。从简单的单元功能到整体系统行为的理解越统一，人们就越有可能及早发现错误。如上所述，在新周期中的任何时候，数据结构发生变化，都必须停止编码，直到团队能够处理和解决与这些数据结构相关的任何问题。软件比共享的数据结构具有更强的适应性和延展性，因此与共享的数据结构修改产生的影响相比，软件修改产生的影响通常较小。共享的数据结构是每个系统的基础，当它们发生变化时，产生的连锁反应可能会损害整个系统。

依据良好的数据流记录，重新概念化的 IT 模式可以应用在当前的许多 IT 花销上，从安全审计到合法持有，再到维护客户信息（一般组织在 17 个不同的数据集中维护客户信息）。一旦开始，这种方法节省的资金数额是惊人的。有根据的数据投资可以避免还需进行其他技术采购活动。

实施指南

为了实现这一数据原则，组织必须做到以下 5 点。

（1）**阐明如何将稳定和共享的数据结构作为优先事项，从而改善组织的战略目标**。在我们的职业生涯中，我们看到 IT 系统被淘汰，相关的成本被更有效地重新分配。转移成本是可能的，因为数据存在于比 IT 项目更基础的层面，从而产生更实用的 IT 应用程序。

（2）**学会快速建立并反复使用一致认可的 ROI 框架来衡量价值**。建立衡量数据规划价值的框架，并提高其实用性和连续性，是一个运行良好的数据规划的关键措施之一。

（3）**建立、使用或调整一个规划评估框架**。至少，需要单独的数据处理预算来进行精确的评估。对数据规划产生的年度价值进行评估将帮助组织校准有用的规划形式。回顾第 5 章，当知识工作者没有充分利用数据时，浪费了组织多少钱！

（4）**不鼓励自定义、一次性的点对点数据连接，提倡共享数据源**。阐明这将如何积极影响组织实现战略目标的能力。使用点到点连接比使用共享的数据源更具挑战性。当直接数据连接比开发数据共享设施便宜时，使用生成的框架来决定收支平衡的规则。

（5）**不鼓励引入新的数据元素或重新配置**。向现有数据结构添加新数据元素是一种非常常见的做法。有效的数据治理可能会增加添加新数据的难度。要做到这一点，需要确切的论证来说明需要的数据项不能从现有的数据项组合而成。如上的表述证明了这如何帮助组织实现战略目标。

13.4 以数据为中心的前提 3：稳定共享的组织数据高于 IT 组件优化

在这种情况下，我们将所有与数据无关的东西（例如基础设施、安全性和设备）归为一类，称之为"IT 组件"。对 IT 组件的更改必须依据对数据的更改。这个过程适用于硬件和软件的升级、迁移和修复。是购买、租用还是构建组织 IT 交付能力，这是一个新的、但总是会存在的选择。很多时候，选择是基于一系列的处理，而不是基于拥有的总成本来决定的。

应用程序在指定的日期指定的时间交付给用户了吗？IT 项目成功与否通常是通过组件是否及时交付来评估的，而不是通过它是否产生了正确的结果。

了解这些信息是必要的，但如果一个好的应用程序升级不佳，可能需要很多年才能恢复。看看 2012 年苹果地图应用程序的惨败就知道了。它有时错得离谱——一位作者为了购买百思买（Best Buy）的产品，竟然被导航到了牧场中央！苹果公司为收复市场在努力升级应用功能和提高数据质量，很少有组织愿意投入这么大。想想如果苹果公司在几个月后发布一款准确的应用而不是匆忙推出新产品会有什么样的好处。这样一来，组织就不会在大众面前出丑了。他们本可以在地图应用程序的优化升级上投资，从而获得相对于竞争对手谷歌地图的优势，而不是在被动地修复产品上花费资源。

同样，面对 IT 系统交付的挑战，也需要转变思维模式。截止日期应该是评判是否成功的标准之一。尽管如此，如果当前或在具体实施中，没有可靠地向应用程序提供定制的数据的方法，用户就不应该启用这款应用程序。美国银行的 Linda Bevolo 在一本关于货币化数据管理的书中，提供了一个很好的研究案例。在这个

13.4 以数据为中心的前提3：稳定共享的组织数据高于IT组件优化

案例中，她通过以下方式说明了她如何为组织赚取了5 000万美元的收益：

- 询问数据是否正确；
- 重视数据，而不是重视"准时和预算"；
- 尊重准确的数据，而不是合适的开发过程；
- 校验数据而不是项目文档。

把企业数据作为品牌在各部门之间推广宣传。与其他形式的数据相比，组织数据应具有质量更高、更易于共享和容量更少的特性。这些特性可以帮助人们（主要是知识工作者）更有效地使用数据，提升他们自身的素养和发展前景。

再看另外一个例子。假设X公司在软件上投资1 800万美元，X公司的年投资回报率为3%。假设你对组织管理很有信心，在这种情况下，你一定会认为这项投资将在期望的时间内，在增加总营收或净利润方面，会产生或有助于产生比成本更多的收益。但是事实上这种情况很少发生，我们看到头条新闻大肆宣扬X公司正在向Z型ERP投资Y百万美元，经过快速计算就会发现，这种投资经常不会产生所期望的回报率。

过去，组织经常将功能与特定的技术联系起来。因此人们也习惯了将功能与技术联系起来。如果具备良好的团队经验和数据专家级别的数据素养，在大致相当的时间框架内，可以用类似于持续开发周期的时间和迭代的方式来评估如今众多的选择。我们想要让大家在心目中将数据与软件应用程序区分开，但这只有在我们真的成功地将它们区分开时才可能发生，在开发人员的心目中也不会将数据跟软件应用程序区分开来。

在积极模式下，识别并消除点对点的连接。让新数据元素的引入成为特例，而不是规则。在项目级别上，数据共享会消耗更多的资源并阻碍进展。需要进行实践才能从共享的数据中获取巨大的价值。费力地借助于非常复杂的流程是没有帮助的。只有组织理解其数据要求，IT交付系统才能向知识工作者提供最佳的数据。为了确保组织获取并理解那些要求，在评估交付组件之前必须先具备专门的数据规划能力。

实施指南

为了实现这一数据原则，组织必须做到以下3点。

（1）**证明他们在数据方面进行了适当的投资**。正确地解释数据存储是不够的。一旦评估系统运行良好，关注点将转向流程细化。这有助于数据规划的创新能力。

（2）**阐明使用数据需求来控制开发活动比借助实施成本更有价值**。数据需求是最客观的，也是可验证的。如果最终的数据需求没有确定，就意味着依赖于这些需求的其他投资会受到阻碍。

（3）**定期说明共享的数据结构如何显著降低整个 IT 基础设施的复杂性**。此外，我们与 IT 治理方面的同事的合作表明，简化的领域已经成熟——减少访问时间、处理要求和错误。

13.5 以数据为中心的前提 4：数据重用高于新增采购

大多数组织无法准确地阐明分别用于新数据和数据重用所要花费的资源。提升这个能力是本条原则的前提。

评估数据重用需要与 IT 投资进行明确的比较。考虑到 50% 的组织资本投资与 IT 有关，明确地指出许多组织在 IT 方面的投资不足会更好。数据原则的一个好处是，组织可以更有效地利用他们的 IT 投资。遗憾的是，很少有组织评估数据使用和获取的成本。

组织希望重用数据，却往往不遵循易于重用的数据设计原则。组织中至少 80% 的数据 ROT 来自哪里是显而易见的。这种事后的补救办法会引发一些可预防的问题：实践成本更高，交付更少，花费更长的时间，并带来更大的风险。一个典型的例子是，IT 项目期望数据已被识别、指定和记录，但事实并非如此！用编程术语来说，就是物理性的数据结构必须先存在，软件项目才能正确地与它们结合在一起。

建立数据谱系是一个长期存在的问题。我们都曾在一些组织工作过，在这些组织中，明确规定杜绝购买我们自己的数据，即我们最初创建的那些数据，但现在我们发现组织的一些部门正在从外部供应商那里购买数据。这类基础工作和文档提前完成后，其他益处也会随之而来，其中包括更好的项目防护、对基本概念的共同理解以及优化的资源和成本预估。

上述数据规划面临的挑战体现在阐明和记录数据的来源、特征和处理过程。组织需要创建一些流程来支持数据谱系和数据需求的收集。如果以这种方式操作，组织将在共享的、稳定的数据结构、规范和文档上构建 IT 系统。遗憾的是，组织通常更喜欢技术。他们忽略了一个不可避免的事实，即如果没有稳定的数据，单个软件项目将产生特定于项目的数据和数据结构。这种情况发生后，组织如果想集成系统和共享数据，需要投入更多的成本和努力。

实施指南

为了实现这一数据原则，组织必须做到以下 4 点。

（1）**高效和有效地评估数据**。数据囤积或完全出于法律和风险考虑的备选方案都不是最佳方案。数据规划必须不断提高其为数据增加价值的能力。

（2）**判定和识别明显地支持和反对数据重用的情况**。将识别数据可重用性的任务交给组织的知识工作者，激励他们对项目提供改进意见。

（3）**将数据文档化并使其可以重用**。这些措施应该随着时间的推移而完善，但至关重要的是获得最初的标准，为规划提供精确的反馈并使其尽快适应生产力。

（4）**明确定义与数据及其重用相关的数据指南**。组织最初没有经验，所以必须完成一个既定的假设，收集和分析数据，并确定从数据使用到数据重用的定向成本。

13.6 数据原则在数据规划支持其组织时发挥作用

学习实践数据原则并不困难。我们列出的客观标准使组织可以决定他们应该做什么以及他们需要培养什么能力。这个问题经常以这样的形式提出："一个人如何进入涅槃乐队和卡内基音乐厅？"答案还是一样：练习，练习，再练习。这一基本组织实现的重要性与数据规划的感知价值密切相关。

在制定计划时，要意识到它的首要目标是在持续改进循环的过程中变得更好。组织应该重点关注那些为了改进数据结果而发生的可衡量的事件。DMBoK 中用车轮图定义了数据管理知识领域。组织应该识别需要在哪个区域提升自身的数据管理成熟度。自我反思和早期阶段的问题重新定义可以保持流程的敏捷性，短期冲刺则有助于进一步确认组织所面临的挑战。

在实践中使用数据原则，主要目标是将精力集中在提高组织知识工作者的生产力上。下面将描述一家组织如何有效地提升知识工作者的生产力。

首先，对基于限制理论的任务进行分析。这可以揭示出可能改进的任务列表和效益量化。这似乎是一项学术研究任务，超出了大多数组织的能力。从不同的角度考虑相同的工作：在一个主题领域内，数据规划参与者的定期会议暴露出了他们经常抱怨组织数据的根本原因。分析是组织拥有更多数据知识的众多好处之一。专注于改进数据实践的方法可以改善组织的数据成果。研究通常会产生 3 个候选的战略数据规划方案，用于更实质性的分析。

接下来的任务是从三个候选方案中选出一个方案。投入专门的资源来评估这些规划是如何帮助人们达成业务目标的。经验丰富的数据管理员对每个候选项目和其他专业人员进行审查，这些专业人员构成了数据规划中的战略数据倡议小组。评估这些候选方案，再基于数据理论进行改进。所有的分析方法和结论都要经过多次建设性的批评和怀疑。如果出现的解决方案满足已建立的标准，团队将选择实施哪些计划。这通常是通过一系列涉及过程和系统再造技术组合的合作项目来实现的。一旦实施，解决方案将定期进行有效性评估，包括下游效益。

例如，机构可以确定许多知识工作者花费大量时间进行后续分析。将这些需求打印出来，并以实物形式完成交付。一个提议（预期 10%的投资回报率）被接受为未来两年实施的几个重要优先事项。该小组设计了一系列步骤来实现一个新的半自动化工作流，提供了超越目标的投资回报率（ROI）。将这一努力成果公开，并记录成可重复的标准，其他人就可以从经验中获益。

我们从数据领导者那里听到最频繁的说法是："我知道我应该做什么，但我缺乏实现它的资源。"

你似乎有很好的资质来制定一个合理有效的数据规划。然而，需要一系列不同的技能来纠正数据债务，实施降低数据 ROT 的计划，我们中很少有人有这样的经验。这是组织在成长的不同时期雇佣某种类型人才的原因之一。遗憾的是，你可能不了解，在数据规划的形成阶段，沟通技能是多么重要。坦白地说，这些技能更多地依赖于场景，而不是基于训练。

13.7 创建你的第一个标杆项目

回想第 12 章，标杆项目提供了这些关键优先事项的大量重叠的内容：
- 做那些可以促进组织战略的事；
- 改进业务使用数据的机会；
- 练习所需数据技能的场合。

这些项目代表了目前组织无法获得的知识类型。让我们回顾一下，对于决定启动标杆项目的人来说，必须做什么。你将了解到在组织中顺利推行数据规划所需的活动。

在过去的 70 多年里，我们合作过的 90%的组织都没有图 13-2 展示的这些情况。数据文档的创建、维护和升级应该占用组织数据领导大量的时间和精力。

优先级 1，确定为实现组织战略目标所需要的具体事项。接下来，明确哪些数据项与成功完成每个目标有关。在生命周期中的一个名称使得这个列表变得更加有用，代表了业务流程的数据交互项。更好的是，就像大多数与数据相关的事情一样，我们可以限制这个数据交互用于**创建、读取、更新和删除**（Create, Read, Update, and Delete，CRUD）的值范围。这些 CRUD 矩阵展示出了详细交互，允许更快速的问题诊断，并促进业务和系统再造工作。

	流程1	流程2	流程3	流程4	流程5
数据项A		创建	读取		删除
数据项B	读取	创建		更新	
数据项C			读取	更新	
数据项D	创建	更新		删除	更新
数据项E		创建			

图 13-2 CRUD 矩阵展示了业务流程及其活动类型

优先级 2，类似于优先级 1 中确定的数据需求，所需的文档最初并不存在，但至少应该描述物理的、原始的数据模型。数据规划的目标之一是减少组织中数据 ROT 的数量。减少数据选择将使知识工作者更高效，因为执行所需的数据量最终会减少，理想情况下会减少到以前数据量的 1/5。随着不断发展，剩下的 20%

的数据量将更容易评估和维护。

优先级 3，组织的人力资源程序应该跟踪数据组和所有其他知识工作者的数据技能，以确定组织最需要的技能领域。这种分类和客观条件代表了数据领导者的极大关注，当然，大多数组织获得这类资料并不容易。

组织数据规划的目标将包括上述每一个数据收集。让系统适用于度量和管理——不仅是这些，还包括管理组织数据收益。这需要雇佣一个受过良好教育的知识工作者，他可以在整个组织的范围内为处理额外的数据项提供建议。

13.8　本章小结：要求客观性

敏捷软件开发成功的一个主要原因是专注于其核心指导原则。在没有任何具体目标的情况下，人们很难看到如何取得进展，更不用说如何更快取得进展了。我们的目标一直是提供一个具体的、客观的起点。随着敏捷宣言的发展，这也将随之发展。

第 14 章 成为具有数据素养的公民面临的挑战与意义

你看过电影《蠢蛋进化论》吗？让我们快速回顾下剧情：一个平凡的人从 500 年的沉睡中醒来，发现世界上的其他人都变笨了，自己却成为了世界上最聪明的人。在疫情期间，许多人经常引用迈克·乔吉（Mike Judge）在 2006 年制作的这部电影。然而，似乎有些人可以理解这场疫情所带来的挑战，而有些人却不能理解。如果我们可以做决定，我们希望让所有数据人员都具备较高的专业水准，并以此作为其参与社会中非 PIDD 相关工作的前提。假设我们的建议是可行的，我们想告诉你，我们认为 25 年后一个具有数据素养的公民会是什么样子的。在描述何为数据素养之前，我们先简要讨论具有数据素养的公民应该克服哪些困难和挑战。

14.1 培养数据素养的困难和挑战

数据素养很难培养的原因在于，虽然我们可以加速或抑制整个社会由移动数据传播者向成人数据传播者的转变过程，但我们没法强制要求全民数据素养达到第 1 等级或第 2 等级。在数据素养方面的探索与进步经常面临以下挑战。

（1）**寻求捷径或短期价值**。许多组织都尝试过培养人们的数据素养，但大多以失败告终。虽然精益六西格玛、全面质量管理、敏捷化等方法都在强调人们必须把培养数据素养看作一个须长期努力并逐步迭代的项目，人们应该更加注重数据素养的潜在效用和长期价值，但是最终开展这项工作基本都不是以长期视角或以改变整个行业为出发点。

（2）**缺乏可感知的战略相关性**。以支持各种社会和公民战略的方式呈现数据倡议至关重要。例如，确保选民准确认识到有关候选人的事实信息、帮助决策者通过准确的信息做出判断等，防止数据优先权和其他优先权产生冲突。

（3）**数据焦虑**。对许多非技术性员工来说，基于数据驱动的决策或使用数据洞察来影响整体战略是一种新的做法，过快地引入新的工具和方法可能会让部分员工感到不适，产生恐惧和焦虑情绪。企业必须消除员工对数据能做什么和不能做什么的困惑，帮助员工建立数据驱动决策的信心，让员工参与到相关数据工作当中。

（4）**缺乏紧迫感**。那些不了解流行病学科与相关数据的人，也不会理解这些管理的紧迫性。与其他问题一样，完全了解这一切是一项具有挑战性的长期工作，且了解的程度与个人经验有着直接的关联。

组织可以通过详细的规划来减少或消除上述挑战的负面影响。随着数据驱动决策的需求日益增长，尝试培养数据素养的组织可能会遇到其他挑战，具体可以分为以下 4 类。

1. 技术

基础设施与工具的高度普及，能够推动数据价值最大化。最有用的就是向所有家庭提供高速宽带连接，宽带服务包括正确的配置、足够的存储空间、数据的组织工具，以及对数据库、计算机和其他硬件的访问。要使这些基础设施与工具普及，成本是影响因素之一，同时许多数据分析工具需要专业的编程知识，用户必须具备有效地收集、存储、分析和处理数据的能力，这往往让非技术用户望而却步。此外，组织需要应对日益增长的数据合规性需求，而安全风险和要求会导致组织不得不暂时或永久限制数据资产的使用。

2. 组织

在大多数企业中，只有数据团队才会使用数据领域的语言，这迫使数据团队承担起"数据管理员"的责任，其他员工变得越来越依赖于数据团队的时间和能力，这导致数据团队一方面对自身工作的重要性过度自信，另一方面承受了较大压力，错位的职责容易产生挫败感，最终导致紧张分裂的部门文化。更重要的是，各个业务部门的工作通常是孤立的，缺少统一可信的数据来源、数据共享机制，或缺少协作的工作机制，容易形成"数据孤岛"。

3. 技能与能力

实践，实践，再实践！你无法教授那些只能通过自身训练而获得的基础技能，但你可以教授基本概念，这是一个数据实践能力成熟度的问题。每个人必须有针对性地设置具体目标并进行周期性的实践练习，并在实践过程中围绕特定的内容训练相关能力。

4. 教育

我们未能成功将数据素养课程纳入现有的课程内容中。"新的"数据科学课程没有考虑背景、价值和生产力概念。尚未明确学生应该设立怎样的学习目标，教师在课程中不清楚该教授哪些相关内容，学校方面也不清楚应该为未来的学习开发哪些内容。例如，有 3 个导致学习成绩下降的关键因素：

- 对技术和数据的不同感受和体验；
- 不同的教育水平（研究生与本科生）；
- 学生之间的年龄和代际差异。

社会需要弥补缺乏足够有经验的教练去教导成千上万的学生，以及缺乏足够的时间去学习相关技能的情况，并为创新学习（如创造力和冒险精神）提供支持和条件。所有的数据教师都需要持续地精进自身能力，获得相关的认证，并通过客观的教学效果和效率评价标准考核，从而形成群体的正反馈优化机制。

14.2 数据素养公民的愿景

各组织希望公民通过不同途径自主获取数据实操知识和技能，从而在公民个体之间的实践与知识广度上体现水平差异。我们希望下面描绘的愿景能激励大家克服上述的困难和挑战，以及其他我们没有预料到的障碍，并进一步阐述在未来应该如何权衡与选择。

14.2.1 移动数据传播者的数据素养愿景

想想下面的情况有多荒谬：我们给孩子们提供超级计算机并连接它们，但不给他们提供任何培训。想象一下，如果我们能确保孩子们在打开超级计算机时已经具备了数据素养，会发生什么？孩子们会理解数据并互相帮助，这些孩子会像往常一样分享各种提示、技巧和解决方法。以下是移动数据传播者具备数据素养后的结果：

移动数据传播者可以像系安全带一样舒适自然地使用他们的设备。拥有"数字肌肉记忆"将有助于移动数据传播者保护存储在移动设备上的信息。那么，什么样的信息将受到威胁呢？例如，人们的医疗信息、饮食摄入量和其他个人健康信息等。那些不重视移动设备安全的移动数据传播者会在他们的信息被盗窃或者受到威胁时，吸取宝贵的经验教训。同样，那些没有养成良好数据习惯的移动数据传播者将面临较大的社会压力。

移动数据传播者将默认视各类外部通信来源（电子邮件、文本、传真、电话等）为威胁因素。通讯录是移动数据传播者的基础数据，他们使用通讯录来识别与筛选外部人员，并将其作为抵御数据窃取和潜在伤害的第一道防线。

例如，在应用程序获取位置信息时，当数据与随机标识符相匹配时，如果应用程序在 24 小时后将他们在开始搜索时的精确位置转换为模糊的位置，并且不保留搜索内容或用户所在位置的历史记录是符合移动数据传播者的隐私保护预期的，移动数据传播者会认为这些数据的交换是允许的，而其他关于隐私数据能否被使用的问题也需要在交换的基础上进一步考量与决定。理想情况下，社交网络应该为每一个生产、发布信息的用户提供一定的经济补偿。

移动数据传播者了解在互联网上与人交流的风险。他们遵循"仅通讯录联系"（ContactsOnlyConnecting）的原则，并通过该原则来确保在线数据安全。他们经常会在家庭内讨论通讯录里新增的名录，以及讨论哪些移动数据传播者获得了特权可以加入他们的通讯录中。（通过这种方法，垃圾电话、短信和电子邮件的困扰将不再存在，生活会变得更好。）随着采用这种方法的公民比例增多，不良行为者会更多地骚扰"数据文盲"，并迫使"数据文盲"放弃越来越多的数据。

移动数据传播者能很好地使用紧急呼叫和应急设备设置功能与家人和朋友沟

通交流。由于移动网络在过去的紧急情况下已经超负荷使用，这种通信模式也必须有一个备用方案，例如通过留言板（非电子的）、铅笔和纸等媒介进行数据交换。现在，出于广告目的或欺诈诱导而侵入移动数据传播者设备属于犯罪行为，移动数据传播者非常熟悉设备的数据功能，他们能通过访问日志文件等方式提供验证。随着移动数据传播者的成熟，其他功能（例如备份恢复、地理保护和恶意软件拦截）也是其需要学习的数据技能。

移动数据传播者了解适当请求和不适当请求之间的区别，更重要的是了解在哪里可以寻求帮助。这意味着移动数据传播者需要具备更强的区分常规数据请求和非常规请求的能力，它能让移动数据传播者识别出不良网络行为，并制定合适的处理方案。他们明白在互联网上与无知者争论是徒劳的，其困难程度不亚于拉平流行病感染曲线。

移动数据传播者了解具备更高的数据能力作为实践良好数据行为所获得的价值回报。他们明白良好的数据习惯是一种行为模式，增加访问能让人拥有良好的数据习惯并培养出更好的数据行为。当今的数据设备为负责任的成人数据传播者提供了大量关于移动数据传播者如何使用它们的信息，成人数据传播者就能充分利用这些知识，确定移动数据传播者的成熟度和责任水平。

14.2.2 成人数据传播者的数据素养愿景

成年人将逐步意识到，拥有广受认可的数据熟练度是一件非常有价值的事。对于全社会来说，数据素养是更好地理解信托关系、金融、健康、法律等的关键。有数据素养的朋友可以帮助缺乏数据素养的朋友实现当今社会普遍认同的目标，即保持现代数字公民应具备的行为和能力。成人数据传播者对于如何管理网络上的声誉有深刻的认知，他们明白，尽管社交媒体和其他信息来源声称欢迎用户随时反馈并纠错，但现实是，修复受损的声誉是很困难的。所有成人数据传播者能从信用报告或公开资料中获取一些记录，例如由领英、拼车应用程序、征信机构维护的重要的数据集，这有助于成人数据传播者了解你以及了解其他人如何看待你。

成人数据传播者不仅要了解如何使用网络搜索，也需要了解其信息来源。即使只是在线搜索一些信息，成人数据传播者也要谨慎判断信息来源，关注其权威性。了解信息来源是否可靠是建立社会信任的关键，而设置安全列表供人们共用就是一种有效建立信任的方法。很难说下载一个新的应用程序并点击自动安装就是最好的请求处理方式，但成人数据传播者证实了相比于每次都按新的请求处理，从防御性、策略性的角度处理数据请求实践更有优势。成人数据传播者需要透明可靠的信息来源，他们知道如何利用各种基于软件自动化的数据限制来处理请求。最严格的是基于 VPN 的"仅通讯录联系"的方式，仅允许通讯录列表中的用户访问或传入信号。还有一些如"仅 Wi-Fi 数据"的方式，能够帮助用户以比较经济的方式完成常规下载任务。

成人数据传播者了解如何更好地利用各种设备实现自动化数据管理功能。例如，人们使用通讯录收藏夹来处理分心或重复的任务，或区分数据请求的优先级。成人数据传播者十分了解信托关系所提供的数据保护，也了解法律条文对财务、健康、法律和政府数据交换场景都做出规定与限制，明确了数据交换双方对于对方应有的责任与义务。这也导致一些成人数据传播者可能会问："为什么这个数据交换没有被信托管理"。

成人数据传播者了解在网络上哪些人受到或者不受到数据道德规范的约束。因此，他们可以识别并报告对成人数据传播者，尤其是对移动数据传播者的不当影响。理想情况下，社会将创建一套有影响力的行为准则，给予那些遵守准则的人更多的权限。成人数据传播者可以就服务类型、供应商、捆绑、转换成本等做出有意义的个人成本效益决定。虽然将低价高速的宽带愿景作为标准会很好，但现实的情况是数据访问需要花费成本，成人数据传播者应该能够就其成本和使用收益做出明智的决定。

14.2.3　知识工作者的数据素养愿景

知识工作者了解自己拥有对数据的敏锐度，并为此感到高兴。他们知道自己的角色，知道自己是防止数据不当行为和滥用的第一线。这种数据敏锐度是很有用的，至少在一个家庭里，这是一套有用的技能。知识工作者是负责任的数据管理员。系统思维能力的增强将有助于组织更好地应对即将到来的挑战。关键是要有理解数据的能力，那些通过组织数据机器收集来的数据是如何被使用的，这些数据来自何处，下一步又会去向何方。知识工作者的素养标准已成为简历自动筛选和验证的重要参考。补习数据素养课程可以帮助那些没掌握的人提升相关能力。

知识工作者可以把自己的作用当作组织数据机器中数据价值变化的一部分。知识工作者再也不能说"我不明白为什么"。相反，每一位知识工作者都应该了解他们在数据层面能够为整个组织输出哪些增值的能力，并确信这个自动流程会及时发生。

人们可以很容易地完成软件扩展、更新的过程，其中包括完成对白名单及黑名单内容的更新。随着用户需求得到更直接的满足，人们对设备配置数据和新功能的认知将促进生产力的提升。

知识工作者了解组织间的数据信托关系。例如，围绕设备访问的执法，应该存在统一的行为和期望标准。目前，除了法律规定的执法部门必须获得授权才能访问相关设备，公民没有太多访问权限。尽管如此，知识工作者在日常维护和支持组织的数据信托责任方面做得非常出色，也因此保障了社会的稳定运行。

在疫情期间，随着新冠病毒在人群中传播，其他人注意到并改变了他们不戴口罩的行为，人们"戴口罩"可以传达"戴口罩可以保护公共环境中其他人"的信号。作为一名知识工作者，必须有能力用易于理解的语言向周围的同事描述这个概念。例如，卡车司机会意识到一个不安全的操作将导致交通事故，进而导致他人无法正常出行或按计划到达目的地。

14.2.4 数据教师的数据素养愿景

25年来，数据教师为提高整个世界的"数据智商"做出了重大贡献，并得到了社会认可，这个领域的成功意味着社会认为数据教师是受人尊敬的阶层（包括危险津贴），勤劳工作的数据教师都需要得到正式的赞赏和认可。社会不再将数据教学视为国家优先事项，因为80%的公民都已经具备数据素养，知道如何将数据概念应用于不同的社会角色。虽然具备数据素养的公民和"数据文盲"之间仍然存在差距，但"数据文盲"现在是例外。数据教育已被纳入标准课程，以确保学生在毕业时可以具备移动数据传播者、成人数据传播者和知识工作者的数据素养水平。

数据教师了解反馈模型的效用，反馈模型可以比其他扫盲方法更快地缩小数据素养知识差距。因此该行业的认证流程响应速度也快于传统的行业，社会也将反馈模型作为未来教育系统中的重要组成部分。此外，数据教师严格遵守"人员-流程-技术"的原则。因为他们知道，如果教育系统只关注技术，可能会对社会造成不良影响。社会将数据素养培训作为各级教育体系的一部分。技术也成为了其原本应该成为的样子——一种商品或工具。

14.2.5 数据专家的数据素养愿景

数据专家具备独特的特点，我们提出以下3点专业意见用于参考。

- 数据专家具备数据素养并精通相关技术。公民知道维护数据凭证的重要性，数据专家创建了一个计算机化的分类账系统用于维护数据凭证。学习音频课程，以及活动出席情况都可以通过认证机制进行统计。CDKA 的材料是标准化的，可供所有从业者使用。
- 数据专家明白指导手册可以很好地指导他们职业的发展。数以百万计的数据专业人员积极地投入提高公民数据素养的工作中。对于数据专家，特别是知识工作者来说，行业调研结果和学术研究进一步完善了数据管理流程。
- 数据专家了解改善数据专家和数据世界之间沟通交流的必要性。因此，数据专家有能力根据每个人的理解能力和使用习惯阐述相关概念，同时也在这一过程中产生新的相关数据。

数据专家明白企业会将每周一天的数据志愿服务纳入数据专家的日程安排中，以便继续为所有公民的数据权益做出努力与贡献。

14.3 关于数据素养的结论

"数据矩阵"的存在是我们希望所有公民都具备数据素养的主要原因。"数据矩阵"定义为组织之间所有未知、不可知和不透明的数据交换。公民信息历来被视为隐私，并受到宪法的保护。然而，信息泄露变得越来越普遍，并对那些有更丰富信息的人造成了较大的影响，而这些人并没有意识到数据矩阵对其生活所构成的危险。今天，没有明确禁止列表，也没有什么可以阻止资本家的监视进入我们生活的方方面面。犯罪分子和不良行为者已经在滥用公民的数据并以不法的方式影响着公民的行为。

了解这些危害可能就会让具备数据素养的公民拒绝下一次数据请求。但可悲的是，我们并没有看到人们为事情变得更好做出努力。相反，我们看到公民在不了解后果的情况下，泄露了更多的个人数据。随着对技术的日益依赖，我们目睹了骇人听闻的数据犯罪新闻，更多无情的资本家监视着我们生活的方方面面。我们已经做了能力范围内的所有事，但是仍没有充分发掘数据的价值——我们缺乏从有限数据中最大化获取可用信息的能力。因为缺乏训练数据集，严重限制了算法的价值，累积的数据债务造成了巨大的破坏，导致数据价值无法发挥。由于数据资源分配不均衡，一些数据工作无法取得进展。已有充分的证据表明训练集数据的短缺将对公民产生更大的负面影响！

这场疫情揭示了一个隐藏的社会弱点——社会明显缺乏数据素养。我们在疫情的早期阶段看到了这个问题带来的影响——大多数公民无法使用数据做出决定或权衡各种行动计划。一旦无法区分事实和想象，无法准确理解数据结果，就很可能做出最终危险的决定，社会就会遭受损失。

与疫情一样，数据素养不受任何地理区域、社会阶层或工作的限制。它影响着每一个人——政治家、企业和普通公民，这揭示了问题的广泛性。没做好准备的公民在数字社会中生活是非常危险的，提高公民数据素养可以降低社会风险并为所有公民创造价值。当公民具备数据素养时，每个人都将筑起一道关乎数据使用的"道德防线"。但是，如果公民不了解数据及他们行为的后果，权力的天平就会转移到有数据素养的人身上，而牺牲其他人的利益。

数据爱好者和具有数据素养的人必须帮助"数据文盲"逐步提升数据素养。本书提供了一个数字公民框架，集中探讨提高全民数据素养相关的问题。不管以何种标准衡量，培养和提高数据素养都是一个壮举，需要数年时间的努力才能实现。然而，我们相信，这种努力对社会的长期稳定至关重要。

附　　录

- 附录 A 是家庭成员之间可以采用的关于数据的一些对话集。
- 附录 B 是对数据指南（第 2 版）的简要重述。
- 附录 C 是对开放数据研究院（Open Data Institute，ODI）关于数据伦理画布的一些优秀讨论的简单介绍。
- 附录 D 是本书包含的 19 条数据小知识的汇总。
- 附录 E 是本书包含的 30 条 CDKA 的汇总。

附录 A　建议负责任的成人数据传播者与移动数据传播者进行的对话

从共享学习的角度来看，移动数据传播者和负责任的成人数据传播者之间这些至关重要的关于数据素养的对话能够为双方提供有价值的信息交换。回想一下，第 1 等级和第 2 等级共同的伦理焦点是避免被愚弄和操纵。

针对这些和相关的主题，我们应该制定可以广泛传播的指南，并把这些内容增加到不断发展的共享数据知识体系中去。我们建议每周召开会议，并将这些会议作为纪律检查点来教育移动数据传播者和成人数据传播者。与会者应使用这些会议，直到他们审查了所有的材料。通过这些对话，当问题确实出现时，我们就有了对话的基础、对相关内容熟悉了，也不至于发生一些对抗性的讨论。

每当小组中新增移动数据传播者或成人数据传播者时，应每周审查以下事项：

- 连接请求；
- 通讯录的使用和增长；

附录 A 建议负责任的成人数据传播者与移动数据传播者进行的对话

- 屏幕使用时间；
- 已发生的财务数据成本、数据计划和数据使用成本。

随着时间的推移，对话可能转移到以下主题：

- 数字化成本与特权；
- 应用程序内的购买；
- 保持和获得更多的数字化能力；
- 为什么存在数据限制；
- 通过 Wi-Fi 而不是蜂窝网络来下载数据。

当所有人都熟悉了上述概念后，参与者可以放松日程安排，每月甚至每季度讨论一次。虽然应定期审查基本概念，但小组应增加以下更高级的主题以供讨论：

- 脆弱性——通常不存在撤销能力；
- 为什么一些数据特权被保留，直到移动数据传播者成熟；
- 元数据、广告、便利性、地理定位等的数据监控和跟踪规则；
- 检查设置，以确定应用程序是否可以使用数据计划或仅通过 Wi-Fi 下载和更新；
- 谁试图联系移动数据传播者，为什么；
- 切断电缆；
- 数据流或者下载；
- 服务捆绑；
- 账户监控；
- 结合家庭和移动数据计划，减少开支；
- 向通讯录中添加条目；
- 自动屏蔽联系人；
- 被拒绝的联系人；
- 数据风险的假设；
- 网上的不良行为通常会产生后果的实例；

- 客观地量化定期扩展联系人条目的性质和质量;
- 小组觉得有趣的任何主题。

附录 B　数据指南（第 2 版）简述

数据指南是一套统一的原则，它指出数据是现代商业世界中最有价值的业务资产。因此，组织应有意识地管理其数据资产，并最大限度地提高其实现组织目标的能力。要遵循数据指南，组织必须做到以下内容。

1. **和 IT 项目相比，我们更应重视数据规划。**

    （1）建立并维护一个高效且有效的数据规划，该规划将持续存在于组织中。

    （2）在组织中建立数据领导者的职业晋升路径。

    （3）每年向组织展示积极的投资回报率。

    （4）创建迭代方法。

    （5）记录下你的数据战略驱动 IT 决策。

2. **和获取新技术相比，我们更应重视有见识的数据投资。**

    （1）展现将稳定和共享的数据架构放在优先等级可以如何改善组织的战略性目标。

    （2）学会快速建立并反复使用一个商定好的投资回报率框架来衡量价值。

    （3）制定或调整项目评估框架。

    （4）避免进行点对点的数据连接，以支持共享的数据源。

    （5）避免引入或重新配置新的数据元素。

3. **和评估 IT 组件相比，我们更应重视稳定的、共享的组织数据。**

    （1）提供相应的证据来说明他们对数据进行了适当的投资。

    （2）展现利用数据需求来准入开发活动远比利用实施成本来准入更加重要。

    （3）定期展现共享数据结构如何能够显著降低对整个 IT 基础设施的复杂性需求。

4. 和获得新数据相比，我们更应重视数据的重复使用。

（1）有效且高效地重视数据。

（2）确定并识别支持和反对数据重用的明显情况。

（3）记录数据，准备好重用。

（4）明确定义与数据及其重用相关的数据指南。

附录 C　ODI 的数据伦理画布

在开放数据研究院（Open Data Institue，ODI）网站中搜索"data ethics canvas"（数据伦理画布），可以找到很好的描述数据伦理的框架，如表 C-1、表 C-2 和表 C-3 所示。

表 C-1　数据源描述

数据源	数据源的限制	与他人共享数据	道德和法律背景	关于数据源的权利
命名/描述项目的关键数据源，无论是你自己收集数据还是通过第三方访问。是否涉及任何个人数据，或其他敏感的数据？	是否有限制可能会影响你的项目结果？ ● 数据收集、纳入/排除、分析、算法等方面的偏差 ● 数据中的空白或遗漏 ● 数据来源和质量 ● 影响决策的其他问题，如团队组成	要与其他组织共享数据吗？如果要，与谁共享？ 你打算发布任何数据吗？在什么条件下发布？	哪些现有的道德法规适用于你的部门或项目？ 哪些立法、政策或其他法规决定了你如何使用数据？它们引入了什么要求？ 考虑法治、人权、数据保护、知识产权和数据库权利、反歧视法，以及数据共享、政策、法规和道德规范/框架（如卫生、就业、税款）	你是从哪里得到这些数据的？它是由一个组织生产的，还是直接从个人那里收集来的？ 收集的数据是为这个项目还是为其他目的？你是否被允许使用此数据，或被允许使用该数据的其他基础？数据源将具有哪些持续的权利？

表 C-2 数据的使用

使用数据的原因	沟通的目的	对人的正面影响	对人的负面影响	减少负面影响
你在这个项目中收集和使用数据的主要目的是什么？ 你的主要用例是什么？你的业务模式是什么？ 你能让社会变得更好吗？如何做？为谁做？ 你是否因为这个项目而替换了其他产品或服务？	人们是否理解你的目的——特别是数据的来源者或受数据影响的人？ 你如何表达你的目的？此沟通内容清楚吗？ 你如何确保更脆弱的个人或群体能够理解？	哪些个人、群体、人口统计数据或组织将受到该项目的正面影响？ 如何影响？ 你如何衡量和传达正面的影响？ 你如何增加正面影响？	谁会受到这个项目的负面影响？ 数据的收集、使用或共享的方式是否会造成伤害，或使个人面临被重新识别的风险？它是否会被用来针对、剖析或歧视人们，或者不公平地限制访问（如独家安排）？ 如何将限制和风险传达给人们？考虑数据的来源者、受数据使用影响的人，以及使用数据的组织。	你能采取什么措施来减少危害？ 如何减少数据源中的任何限制？你如何保持个人和其他敏感信息的安全？ 你如何对你的项目的潜在负面影响进行衡量、报告和行动？ 这些行动将给你的项目带来什么好处？

表 C-3 数据素养问卷

争取人员参与	开放度和透明度	持续的实施	审查和迭代	你的行动
人们如何让你参与这个项目？ 人们如何纠正信息、呼吁或要求更改产品/服务？到什么程度？ 上诉机制是否合理和已被充分理解？	你对这个项目能有多开放？ 你是否可以发布你的方法、元数据、数据集、代码或影响度量？ 你能征求同行们关于这个项目的反馈吗？ 你将如何在公司内部进行沟通？ 你会公开你对数据伦理画布的行动和答案吗？	你是否经常考虑那些在项目中受到影响的人？你是如何考虑的？ 可能需要什么信息或培训来帮助人们理解数据问题？ 系统、流程和资源是否可用于响应长期以来出现的数据问题？	你如何测量、监测、讨论和处理现存的数据伦理问题？ 你多久审查或者更新一次对数据伦理画布的回答？什么时候做？	在推进这个项目之前，你将采取什么行动？哪些行动应该被优先考虑？ 谁将对这些行动负责？谁必须参与其中？ 你会公开你的行动和对数据伦理画布的行动和答案吗？

附录 D 19 条数据小知识

本书中的 19 条数据小知识汇总如下。

数据小知识#1
任何移动电话、短信、自拍、电子邮件、文件交换或社交媒体上的点赞（小到 1 个字节）都是数据请求，你的回复（或没有回复）也都将被记录为数据。

数据小知识#2
数据比人们所理解的要复杂得多。大多数人仅从一个角度接触数据，而没有发现其他角度。这将导致不正确的看法、误解、失误，更重要的是资源分配不当。正如我们的同事 Lewis 经常说的那样："你无法有效地涉猎数据！"

数据小知识#3
数据是一项宝贵的资产！我们需要认识到我们拥有什么，以及能用它做什么。

数据小知识#4
数据素养的概念必须被视为一个范围，而不是二进制。

数据小知识#5
当今世界的大众特别依赖于与 ODM 和数据的畅通互动。

数据小知识#6
组织面临数据债务和低数据素养员工的问题。然而，许多人认为，"网络一代"和"数字原生代"天生就比过去的人们更有技术知识储备。尽管年轻一代可能能够用他们的技术"做"更多的事情，但他们可能并未准备好负责任地处理他们的数据。

数据小知识#7
数据在 ODM 之间移动以形成数据矩阵，这通常不是为了大众的利益。

数据小知识#8
90%的美国人上网，这就增加了提高数据素养的重要性。

数据小知识#9
数据和与人们的交互正在不断加深，这对那些不懂数据的人构成了威胁。

数据小知识#10

数据处理的延迟影响着每个人，就像拥挤的交通影响通勤一样。我们必须系统性地认识、解释和解决这些延迟。

数据小知识#11

数据所面临的挑战无法轻易解决，更重要的是，数据债务将需要一些真正的努力来解决。

数据小知识#12

技术只能解决数据挑战的特定部分，另外90%由人和流程组成的挑战，目前还无法得到解决。

数据小知识#13

无组织和管理的数据就是无用的数据，组织必须标准化数据，否则将面临隐性成本。

数据小知识#14

数据正以一种难以理解的速度增长。然而，当数据素养停滞不前时，人们却无法使用这些数据。更糟糕的是，组织数据素养的情况也同样很差。

数据小知识#15

数据教育可以通过多种方式进行，但没有一种方式能有效或高效地提供结果，这一点可以从没有改善的纵向分数中看出。

数据小知识#16

这个挑战不容易被纠正，更重要的是，数据债务需要一些真正的努力来清理。（同样，需要专业的管理来弥补过去的疏忽）。

数据小知识#17

当知识工作者具备正确的数据知识和技能时，他们的工作效率会大大提高。

数据小知识#18

知识工作者应该知晓的一些基本概念包括ID标签、数据保护、必填字段及地图和模型。

数据小知识#19

更多的技术并不总是更好的！在采用之前，请考虑长期投资回报率和机会成本。

附录 E 30 条 CDKA

本书中提出的 30 条 CDKA 汇总如表 E-1 所示。

表 E-1 CDKA 汇总

序号	描述	需求	措施
CDKA01	限制和解锁附加功能	理解在设备功能（例如通讯录）中增加访问入口的原因和规则，理解解锁附加数据功能与良好的访问行为的关系	对定期扩展的交互应用的类型和质量进行量化评估
CDKA02	通信协议——仅限联系人	理解向其设备添加访问权限的原因和规则——例如，向联系人列表添加条目	解释和实施"仅联系人模式"——客观地审查向联系人列表添加条目的请求的性质和类型
CDKA03	保护数据	具备使用设备提供的功能保护数据的能力。这包括使用强密码、密码词组和设备加密	设备已通过强密码和指纹或面部识别等生物特征进行加密和保护
CDKA04	识别可信数据	对于接收到的数据或向他人发送的数据采取防御。怀疑是规则，相信是例外	培养通过可信方法访问可信数据的习惯——客观地审查设备连接并扫描恶意软件
CDKA05	紧急协议和应急手段	具备辨别何时应在家庭或团体范围内使用紧急协议和应急手段的能力	有识别和响应应急协议的能力——客观地进行家庭范围内的测试并评估结果
CDKA06	设备数据功能	掌握并能够操作设备数据功能，如从自动备份中进行恢复设备	了解设备（包括云）功能的使用，演示从备份中恢复设备的能力
CDKA07	数据请求的适当性	对设备提出的各类数据控制请求具有自主操作权	对一系列特定请求能做出适当的响应
CDKA08	平衡便利性与监控	能够评估便利性与监控之间的关系，并且能使二者达到平衡	通过支持明确目标的方式快速响应共享请求
CDKA09	克服不良的互联网行为	了解互联网上可能发生的不良行为	对互联网行为做出客观合理的响应
CDKA10	管理网络声誉	具备审查、改善和监控其网络声誉的能力	客观地说明如何查看和维护现有的网络声誉分数

续表

序号	描述	需求	措施
CDKA11	考虑数据来源	具备审查和评估各种数据来源（即他人的网络声誉）的能力，并利用这种能力增强对某些数据来源的信任能力	客观地对一系列方法做出适当的回应，具备区分知情和不知情评论的能力
CDKA12	保护敏感的个人数据	具备识别和保护敏感数据（尤其是个人数据）的能力	具备保护和管理自己及他人的个人身份信息的能力
CDKA13	数据自动限制	展示学习如何使用新的自动化数据控件以使其受益的能力	客观地展示，使用自动化数据限制工具可以成功地避免系统更新和恶意软件更新的要求
CDKA14	负责任的自动化数据管理	具备使用自动化数据管理功能的能力	掌握数据处理工具（如智能列表、宏和其他工具），以节省时间
CDKA15	了解数据信托关系	处理具有信托关系的数据时的相关知识	具有在"信托义务"约束时以不同方式处理数据的能力
CDKA16	理解数据影响力的责任	具备区分负责任和不负责任的数据影响力的能力	掌握负责任和不负责任地使用数据影响力的知识
CDKA17	数据投资的特点和预期	了解哪些电子设备和网络工具会消耗数据流量，并具备管理这些组件的能力	具备数据和数据处理成本方面的知识，着眼于流程改进
CDKA18	数据经过治理	能妥善地管理组织的数据	展示数据处理和使用方面的知识
CDKA19	数据具备价值	能证明他们管理的数据是如何为组织提升价值的	具备改善组织数据方面的能力
CDKA20	保持数据更新	展示通过学习将组织战略应用于数据更新和支持IT组件的能力	展示快速有效地验证和安装软件更新的能力
CDKA21	维护好组织托付的责任	理解什么是信托责任，并能识别有信托关系的数据	理解组织内部的各类数据信托关系
CDKA22	数据涉及群体利益	了解自己处理的数据来自哪些部门，并被哪些部门使用	明白组织中的各个部门是如何获取和使用数据的
CDKA23	优质的教学	展示有助于消除数据债务的能力	客观地证明你出色的教学将提升整体数据素养
CDKA24	在教学中设计反馈	展示有助于改进数据教学过程的能力	客观地展示在后续工作中如何有效地使用学到的知识
CDKA25	同时关注人员、流程和技术	具有对各类数据人员、流程和技术的适当的关注能力	客观地展示知识和话题覆盖面

续表

序号	描述	需求	措施
CDKA26	持续教育	展示对实现持续教育要求的承诺	客观地展示反馈和认证的相关知识
CDKA27	持续认证	表现在跨行业领域有能力维持现有的认证级别	客观展示持续专业认证所需的知识
CDKA28	拥有专业的数据领域知识	展示具备通过专业化方法获取数据及知识的专业素质和能力	对数据知识体系的持续理解和掌握
CDKA29	拥有解释数据的能力	具备沟通解释各类数据场景的能力	提升解释数据的能力
CDKA30	拥有建立数据学科的能力	展示具备将专业知识及培训传递给业内人员及普通大众的能力	在学科建设方面做出贡献